W0033536

USEDOM

99 USEDOM BESONDERHEITEN DER INSEL

entdeckt von Marina
und Ralph Kähne

mitteldeutscher verlag

Inhaltsverzeichnis

Usedom – viel mehr als Strand und Meer

Usedom – da denken viele Urlauber an Baden, Sonne, Strand und Ostsee. Tatsächlich ist der bis zu 80 Meter breite, gut 40 Kilometer lange, feine Sandstrand scheinbar endlos.

Für viele ist die Insel eine der schönsten der Ostsee. Vielleicht auch, weil hier so oft die Sonne scheint. Mit durchschnittlich 1.906 Sonnenstunden im Jahr ist Usedom in der Tat die sonnenreichste Gegend Deutschlands – daher der Name „Sonneninsel".

Doch Usedom ist viel mehr als nur blauer Himmel, Strand und Meer. Gerade für Menschen, die sich aktiv erholen wollen, bietet die Ostseeinsel ideale Bedingungen für einprägende Naturerlebnisse. Abseits vom bunten Treiben an Strand und Seepromenade warten idyllische Natur und 14 Schutzgebiete des Naturparks Insel Usedom darauf, entdeckt zu werden. Kaum irgendwo lassen sich so viele verschiedene Landschaftsformen auf engstem Raum finden wie hier: Ostseestrand und Binnenküste, Seen und Moore sowie Buchenwälder und Dünenkiefern fügen sich mit kleinen Dörfern in einer alten Kulturlandschaft zu einem Mosaik, das durch seine Vielfalt begeistert.

So mag es kaum überraschen, dass Usedom auch zur Gesundheitsinsel geworden ist. Immer mehr Urlauber genießen, nicht nur im Sommer, zu Fuß oder per Fahrrad die Schönheit und Einzigartigkeit der Insel. Für viele Stressgeplagte bedeutet Usedom auch entschleunigen, wohlfühlen und loslassen. Probleme werden beim Anblick grenzenloser Weite kleiner. Stress verschwindet nach ein paar Stunden am Wasser oder im idyllischen Hinterland ganz von allein. Zudem lässt sich auf Usedom am Strand und im Achterland der eine oder andere Schatz heben.

Usedoms endlose Weiten

Als Kinder verbrachten wir unsere Urlaube meist am Meer. Stundenlang in der warmen Adria baden, am Strand spielen und ein leckeres Eis war für uns einfach das Größte. Für unsere Eltern auch. Sie konnten vom stressigen Alltag entspannen, unter der warmen Sonne Italiens reichlich Vitamin D in der Haut produzieren und uns beim Sandburgen bauen oder Planschen zusehen.

Vielleicht mag das ein Grund sein, warum es uns auch heute noch ans Meer zieht. Nur, dass wir jetzt nicht mehr tausend Kilometer Autobahnen, Stau und 15 Stunden Anreise in Autos ohne Klimaanlagen überstehen müssen.

Um Meer, Strand und Sonne zu genießen, zieht es heute immer mehr Deutsche an die Ostsee. Mit einer Fläche von gerade einmal 412.500 Quadratkilometern zählt sie zu den kleinen Meeren. Ein erdgeschichtlich junges Meer ist sie obendrein. Die nur maximal etwa 450 Meter tiefe Ostsee entstand erst vor circa 12.000 Jahren mit dem Abschmelzen des Tausende Meter mächtigen Eispanzers. Auf dem Papier kann das Brackwasser-Binnen-

Usedoms Kaiserbäderpromenade ist mit achteinhalb Kilometern die Längste Europas.

meer also mit seinen großen Pendants nicht mithalten. Gleichwohl kommen hier ebenfalls echte maritime Gefühle auf.

Das mag auch an den idyllischen Inseln der Ostsee liegen. Die größte Ostseeinsel Deutschlands ist zwar Rügen. Doch den inoffiziellen Titel als „Badewanne der Berliner" trägt der kleinere Inselnachbar Usedom. Die zweitgrößte Insel rangiert in der Beliebtheitsskala der Gäste nämlich auf Platz eins: Usedom hat mehr Gäste pro Einwohner beziehungsweise pro Bett als ihr flä-

chenmäßig größerer Inselnachbar. Das jedenfalls geht aus aktuellen Statistiken hervor. Der Tourismus kann auf mehr als fünf Millionen gewerbliche Übernachtungen jedes Jahr verweisen. Die vielleicht vielfältigste Insel Deutschlands liegt gerade einmal zweieinhalb Autostunden von der deutschen Hauptstadt entfernt. Mit der Bahn dauert es nur unwesentlich länger. Noch schneller geht es sogar per Flugzeug.

Doch eine gute Anbindung und Anreise sind nur weitere Punkte auf der langen Kriterienliste für einen erholsamen Ostseeurlaub. Weit oben rangieren zudem glasklares Wasser, ein breiter Sandstrand und ganz viel Sonne. Und hier hat Usedom ebenfalls die Nase weit vorn. Mit durchschnittlich 1.906 Sonnenstunden scheint hier die Sonne so oft wie sonst nirgendwo in Deutschland. Doch der herrlich breite Ostsee-Sandstrand vom Seebad Karlshagen im Norden bis nach Ahlbeck nahe der polnischen Grenze kann auch bei nicht so schönem Wetter punkten. Eine nicht weniger große Faszination übt auch die weit über die Landesgrenzen hinaus bekannte Seepromenade Usedoms aus. So ist die Kaiserbäderpromenade mit achteinhalb Kilometern die Längste Europas. Sie verbindet das Seebad Bansin im Norden mit den Seebädern Heringsdorf und Ahlbeck im Süden und führt sogar grenzüberschreitend bis ins polnische Swinemünde (Świnoujście). Nur wenige Meter vom Strand entfernt, können Besucher hier an herrlichen, alten Villen entlang flanieren und eine lückenlose Bäderarchitektur bestaunen, die es sonst nirgends gibt.

Die längste Seebrücke an der längsten Seepromenade

Von Kesselmooren und Otterwechseln

In Deutschland müssen für Vergleiche meist Fußballfelder oder das Saarland herhalten. Das kann auf Usedom schwerlich angewendet werden. Für alle, die es dennoch interessiert: Mit einer Fläche von insgesamt 445 bzw. 373 Quadratkilometern nur für den deutschen Teil passt die zweitgrößte deutsche Insel locker in den Bodensee hinein. Richtig schwierig wird es aber beim Landschaftsvergleich. Natürlich lassen sich bei allen deutschen Ostseeinseln Gemeinsamkeiten finden. Schon der Gedanke an die Ostsee allein zaubert vielen Menschen ein Lächeln ins Gesicht. Fast jeder Ostseeurlauber assoziiert das Wort mit endlosen weißen Sandstränden, Meer und Erholung pur. In dieser Hinsicht bildet die Ostseeinsel Usedom keine Ausnahme. Mit ihrem 42 Kilometer langen, an manchen Stellen bis 80 Meter breiten Sandstrand lässt Usedom alle anderen deutschen Ostseeorte hinter sich. Rekordverdächtig ist aber nicht nur der Strand. Denn wer die Sonneninsel auf Strand und Meer, Baden und Erholung reduziert, kennt nur einen kleinen Teil Usedoms. Wenige Meter von der Goldküste entfernt, kann die Insel im Hinterland, das oft schon gleich hinter den Dünen beginnt, mit einer vielfältigen Natur aufwarten, die ihresgleichen sucht. Kaum irgendwo sonst lassen sich so viele verschiedene Landschaftsformen auf engstem Raum finden wie auf Usedom: Ostseestrand mit Dünen und Binnenküste, steile Felsen, Seen und Moore, Buchenwälder und Dünenkiefern. All dies fügt sich mit kleinen Dörfern in einer alten Kulturlandschaft zu einem vielfältigen Mosaik. Abseits der in der Urlaubszeit recht trubeligen

Der Fischotter hat auf Usedom sogar sein eigenes Verkehrsschild.

Seebäder an der Ostsee wartet ein idyllisches Paradies darauf, entdeckt zu werden. Allen voran sind es die 14 Naturschutzgebiete, die insgesamt eine Fläche von circa 4.000 Hektar bedecken. Nirgendwo in Deutschland sonst gibt es eine höhere Dichte an Naturschutzgebieten als auf Usedom. Fast sechs Prozent der Gesamtfläche stehen unter Naturschutz. Zu den besonders beeindruckenden Naturschutzgebieten zählen ohne Frage die Kesselmoore als intakte Relikte der letzten Eiszeit. Fast die Hälfte der Naturparkfläche, rund 28.500 Hektar, wird von Wasserflächen eingenommen. Die Binnenseen des Naturparks umfassen rund 1.500 Hektar Fläche. Darunter befinden sich nährsalzreiche Flachseen wie der Gothen- und der Schmollensee, aber auch kleinere, nicht weniger idyllische, wie der Schloonsee.

Bei so viel Natur verwundert es nicht, dass die Insel Usedom zu den vogelreichsten Gebieten Deutschlands zählt. Insgesamt

wurden über 280 Arten beobachtet, 150 davon brüten regelmäßig im Naturpark, darunter allein elf Greifvogelarten. Der
Seeadler hat sogar im Odermündungsgebiet einen Verbrei-
tungsschwerpunkt. Besonders während des Vogelzuges wird
die Insel zudem von zehntausenden nordischen Gänsen, Enten
und Schnepfenvögeln besucht, die der Küstenlinie und dem
Urstromtal der Oder folgen. Der Fischotter besitzt noch einen
gesicherten Bestand. Er hat sogar sein eigenes Verkehrsschild.
„Otterwechsel" gibt es nur in Ostdeutschland.

Kesselmoor im Naturschutzgebiet

Wo der letzte Kaiser baden ging

Mitte des 19. Jahrhunderts gab es in Deutschland noch kaum Tourismus. Nicht nur, weil das Wort unbekannt war. Der „Fremdenverkehr" kam bei uns erst so richtig gegen Ende des 19. Jahrhunderts in Fahrt. Erfinder des Badetourismus waren ebenfalls nicht wir Deutsche. Wer also hat's erfunden? Nein, auch nicht die Schweizer. Das Baden im Meer, diese neue Mode, schwappte aus England nach Deutschland herüber. 1824 begann zaghaft der Badebetrieb in Swinemünde, Heringsdorf folgte ein Jahr später. Seit 1851 darf man offiziell in Zinnowitz, ein Jahr später auch in Ahlbeck baden. In Bansin, das übrigens eigens zu Zwecken des Badebetriebes gegründet wurde, stürzt man sich schließlich seit dem Jahr 1897 in die Fluten. Von dem boomenden Badebetrieb zeugen auch heute noch viele Villen im Stile der Seebäderarchitektur. Sie wurden zunächst durch Einheimische und später durch zugewanderte Unternehmer errichtet. Grund für diesen Bauboom war natürlich die in Deutschland erwachende Badekultur, für die der herrlich breite Sandstrand beste Voraussetzungen bot. Verglichen mit heutigem Spaß, war das Baden zu jener Zeit aber eine sehr züchtige Angelegenheit. Davon zeugen auch heute noch die liebevoll restaurierten Badekabinen nahe der Konzertmuschel am Strand von Bansin.

Der wohl prominenteste Usedom-Fan jener Zeit war zweifelsohne Kaiser Wilhelm II. Der letzte deutsche Kaiser und König von Preußen liebte das milde Klima auf Usedom, wo er öfter auch residierte. Ihm verdanken die drei Kaiserbäder Ahlbeck,

Kaiserbäder
www.kaiserbaeder-auf-usedom.de

Die Kaiserbäderpromenade ist die Längste Europas, die Heringsdorfer Seebrücke die Längste Deutschlands.

Bansin und Heringsdorf auch ihren Status. Zu ihrem neuen Glanz trugen aber auch die Wende und nicht zuletzt Vicco von Bülow alias Loriot bei. Der vielseitige deutsche Humorist drehte 1991 für seinen Film „Pappa ante portas" einige Szenen auf der beeindruckenden Ahlbecker Seebrücke. Noch imposanter als die Ahlbecker und mit 508 Metern sogar längste Seebrücke Deutschlands ist aber die in Heringsdorf. Hier fühlt man sich schon weit auf dem offenen Meer und genießt einen schönen Blick auf Strand und Seepromenade.

Wem die gut einen Kilometer lange Strecke für Hin- und Rückweg auf der Seebrücke nicht ausreicht, kommt an Usedoms Küste voll auf seine Kosten. So können geübte Wanderer am festen Sandstrand die gut zwölf Kilometer lange Strecke von Bansin über die Grenze bis ins polnische Swinemünde in Angriff nehmen. Noch abwechslungsreicher ist der Weg entlang

18

der Seepromenade. Die Kaiserbäderpromenade ist allein auf deutscher Seite mit achteinhalb Kilometern die Längste Europas. Grenzüberschreitend kommt man sogar auf über zwölf. Beeindruckend ist die Strecke nicht zuletzt wegen der herrlichen alten Villen. Sie zeigen eine lückenlose Bäderarchitektur, die es sonst nirgendwo in Deutschland gibt. Natürlich findet man hier auch Gelegenheit, sein Geld auszugeben. An der bunten Flaniermeile oberhalb des Strandes gibt es zahlreiche Hotels, Ferienwohnungen, Geschäfte, Cafés und Restaurants, die zum Genießen und Entspannen, zum Sehen und Gesehen werden einladen.

Villa im typischen Stil der Bäderarchitektur

Auf Schatzsuche in der Inselmitte

Bei unseren ersten Urlauben auf Usedom zog es uns an den Strand. Doch mittlerweile haben wir in Mellenthin ein zweites Basislager für unsere Erkundungen gefunden.

Es ist schon traurig, dass die meisten Besucher mit dem Ziel Küste dem Verkehrsschild an der B 111 kaum Beachtung schenken. In nur einem Kilometer Entfernung können Usedom-Urlauber nämlich Entspannung, Ruhe und manchmal sogar sich selbst finden. Und wer sich auf eine Übernachtung in der Inselmitte einlässt, wird womöglich feststellen, dass man hier noch weit mehr genießen kann: Kulinarisches, nette Gespräche mit anderen Menschen, Komfort, Wellness, sowie Kunst, Kultur, sagenumwobene Geschichten, lebendige Historie und Sport. Wo heute Golfer ihre kleinen weißen Bälle schlagen, schlugen vor etwa 1.000 Jahren noch die Slawen auf ihre Feinde ein. Auch ein sagenhafter Goldschatz soll hier irgendwo vergraben sein. Doch leider haben auch wir nicht den unterirdischen Gang gefunden, der angeblich vom Wasserschloss Mellenthin zum Kloster Pudagla führt und diesen noch heute verbirgt.

Doch wer nach einer langen Wanderung durch das Naturschutzgebiet Mellenthiner Os erschöpft aber glücklich in seine Herberge zurückkehrt, freut sich auch ohne Mammon auf einen hausgemachten Kuchen und leckeren Kaffee oder auf ein frisch gezapftes Mellenthiner Bier.

Das Wort Mellenthin stammt übrigens aus dem Slawischen und bedeutet Mittelpunkt. Genau dort, im Mittelpunkt der

Wasserschloss Mellenthin
Dorfstraße 25
17429 Mellenthin
Tel.: 038379 28780
www.wasserschloss-mellenthin.de

In Mellenthin können Urlauber Ruhe und Kulinarisches genießen, wahre Schätze und manchmal sogar sich selbst finden.

Insel Usedom, befindet sich das Wasserschloss Mellenthin. Bekannt dürfte die knapp 500 Einwohner zählende Gemeinde Mellenthin vor allem wegen dieser Attraktion sein. Das Wasserschloss wurde zwischen 1575 und 1580 erbaut. Und da ein Wasserschloss ohne Wasser ja nur ein einfaches Schloss wäre, umgibt das Anwesen ein bis zu 20 Meter breiter Wassergraben. Ein waschechter Schlossgeist treibt hier zwar nicht sein Unwesen. Dafür hat aber ein sehr sympathischer und umtriebiger Schlossherr sein Domizil zu einem echten Insider-Geheimtipp für Wohnen, Erholen, Feiern und Genießen gemacht. So zählt zu den Highlights des Hotels auch eine Hausbrauerei. Hier wird ganzjährig selbstgebrautes helles und dunkles Mellenthiner Bier angeboten sowie je nach Lust und Laune des Braumeisters auch weitere Sorten. Seit Neuestem kann man sogar hauseigene Limonaden kosten. Selbst eine eigene Kaffeerösterei befindet sich in der ehemaligen Schlosshofkapelle auf Wasserschloss Mellenthin.

Der Parkplatz vor dem Schloss bietet zudem eine gute Ausgangsbasis für verschiedene kleinere oder größere Wanderungen durch das Innere der Insel. Doch auch vor Ort gibt es noch weitere Sehenswürdigkeiten, wie die Kirche Mellenthin aus dem 14. oder 15. Jahrhundert und den Gutshof Insel Usedom. Er gehörte früher zum Wasserschloss, beherbergt heute aber ein Hotel mit Ferienwohnungen, inklusive Restaurant und Café sowie im Frühjahr auch ein Storchenpaar mit seinen Jungen. Ja, es muss nicht immer ein Hotel mit Strandblick sein, zumal dieser mit dem Auto nur eine Viertelstunde entfernt liegt.

Dorfstraße in Mellenthin ■

Thalasso und Spa, Radeln und Wandern

Wellness, Entspannung und Erholung gehören für viele Gäste zu einem Ostsee-Urlaub wie Meer, Strand und Sonne. Im Urlaub etwas für die eigene Gesundheit zu tun, wird immer beliebter. Aktuellen Statistiken zufolge plant schon heute jeder vierte Deutsche, die schönste Zeit des Jahres mit Bewegung, Erholung und Wellness zu verbinden. Ganz oben auf der Liste vieler Erholungssuchender steht dabei Entspannung und Meer. Seit Urzeiten gilt das Wasser als wertvolles Mittel, um Gesundheit und Kraft zu erhalten oder wieder zu erlangen. Wasser hilft gegen Stress und Lustlosigkeit, gerade wenn die Tage im Jahr kürzer werden. Es fördert die Gesundheit, dient als natürliche Quelle des Wohlbefindens, der Fitness und der Schönheit.

Gesundheit auf Usedom

www.usedom.de/themen/wellness-gesundheit/bio-gesundheit

> Usedom bietet beste Bedingungen für Menschen, die passiv genießen oder sich aktiv erholen wollen.

Wer jetzt vermutet, dass Usedom eine hohe Dichte an Wellness-Hotels aufweist, liegt völlig richtig. Die beliebte Ostseeinsel bietet wie kaum eine andere Gegend in Deutschland eine Fülle von Wellness-Hotels mit einer riesigen Angebotsvielfalt. Einer Analyse vom deutschen Wellnessverband zufolge weist die Sonneninsel sogar die höchste Dichte an zertifizierten Wellness-Hotels europaweit aus. Von Spa bis Thalasso über Nordic Walking, Klimawanderungen, Windkosmetik und Qi Gong stehen dem Gast annähernd 1.000 unterschiedliche Beauty- und Wellness-Angebote zur Auswahl. Wer wie wir seit vielen Jahren die Insel besucht, stellt zudem fest, dass die Usedomer Wellness-Hotels auch immer wieder Trends setzen oder neue befördern. Ob allerdings passive Erholung und Wohlfühlen allein etwas für die eigene Gesundheit brin-

gen, muss letztlich jeder Gast für sich selbst entscheiden. An einem reichhaltigen Angebot mangelt es jedenfalls nicht.

Gleichwohl findet Wellness auf Usedom natürlich nicht nur in den Wohlfühloasen der Hotels statt. Die Insel an sich, mit ihren natürlichen Ressourcen, bietet viel für den gesundheitsbewussten Gast. Der kilometerlange Sandstrand, die natürliche Synergie von Wasser und Wald und das milde Reizklima mit der durch Brandungsaerosole angereicherten reinen Luft sind eine Wohltat für Körper und Geist gleichermaßen. Oder mit anderen Worten: Eine große Portion Gesundheit gibt es auf Usedom für alle gratis unter freiem Himmel.

Vielleicht liegt auch darin ein Grund, warum die zweitgrößte Ostseeinsel Deutschlands für viele Insel-Fans die größte ist. Für unternehmungslustige Aktiv-Urlauber sowieso. Usedom bietet beste Bedingungen für Menschen, die sich aktiv erholen wollen. Den Körper fordern, ohne ihn zu überfordern, lautet die Devise. Das gelingt am besten beim gemütlichen Radfahren oder genussvollen Wandern – beides Sportarten, bei denen die Sonneninsel punkten kann. So haben die ausgeschilderten Wanderwege eine Länge von 400 Kilometern. Das Radwandernetz, das natürlich auch Fußgänger nutzen dürfen, ist noch einmal mehr als 150 Kilometer lang. Das lockt Aktiv-Urlauber nicht nur in den Sommermonaten, sondern auch im Frühling, Herbst und sogar im Winter an – und nicht nur an die attraktive Goldküste, sondern auch in die Inselmitte.

Mildes Reizklima und Brandungsaerosole am Strand

■ Eine Postkarte vom Mümmelkensee

■ Intaktes Hochmoor

Intaktes Hochmoor und Postkartenmotiv

Das kleinste, aber vielleicht geheimnisvollste Naturschutzgebiet Usedoms ist das Areal um den Mümmelkensee. Es liegt etwa drei Kilometer von Bansin entfernt. Dabei handelt es sich um ein Hochmoor mit einem tiefen Rest-See in seinem Herzen. Der Mümmelkensee ist ein Produkt der jüngsten Eiszeit. Er bildete sich, als ein Gletscher dort einen Eisblock quasi einfach liegen ließ. Nach dem Abschmelzen entstand eine Senke, in der sich während der letzten 20.000 Jahre ungestört das Moor entwickeln konnte. Während anderswo Moore abgetorft oder für landwirtschaftliche Nutzung trockengelegt wurden, hat der Mensch den Mümmelkensee weitestgehend in Ruhe gelassen. Gut so. Seltene Sumpfpflanzen wie Calla, Sonnentau und gelbe Teichrose – niederdeutsch „Mummel", daher auch der Name des Sees – haben sich in dieser unberührten Natur angesiedelt. Weil Moore nährstoffarm sind und es vor allem an Stickstoff fehlt, müssen sich die Gewächse jedoch einiges einfallen lassen, um nicht zu verhungern. So fängt zum Beispiel der Sonnentau mit seinen klebrigen, verführerisch glitzernden Tröpfchen Insekten, die sich leichtfertig niederlassen, und verdaut sie ungerührt.

Das direkte Betreten des Moores ist wegen der seltenen Sumpfpflanzen und zum persönlichen Schutz zwar nicht erlaubt. Wie bei jedem Moor besteht auch dort abseits der Wege die Gefahr zu versinken. Dennoch lohnt eine halbe Umrundung des Sees auf jeden Fall, denn von der anderen Uferseite locken herrliche Postkartenmotive.

Wanderung um den See

www.outdooractive. com/de/wanderung/ usedom/usedom-bansin-muemmel kensee

> Das geheimnisvollste Naturschutzgebiet Usedoms ist das Areal um den Mümmelkensee.

Fischerboot vor Koserow

Zwischen Räucherfisch und Vinetakreuz

Koserow liegt ungefähr auf halber Strecke zwischen Peenemünde und Ahlbeck in der Mitte Usedoms und ist einer der ältesten Orte auf der Insel. Hier, wo Ostsee und Achterwasser ganz nah beieinanderliegen, gibt es nicht nur Historisches, sondern auch viel Natur zu entdecken. Im Frühjahr wetteifert das Blau unzähliger Leberblümchen am Streckelsberg mit den Farben der Ostsee. Selbst mit exotischen Blumen in freier Natur wie der Orchidee kann der Ort im Sommer aufwarten. Im alten Dorfzentrum befindet sich eine schöne alte Feldsteinkirche. Sie wurde Ende des 13. Jahrhunderts erbaut. Für Freunde alter Geschichten birgt sie eine ganz besondere Attraktion. In ihrem Inneren befindet sich ein spätgotisches Kruzifix aus dem 15. Jahrhundert. Der Inselchronik nach wurde dieses „Vinetakreuz" von Koserower Fischern in der Ostsee gefunden. Vor der Küste von Koserow soll einst die sagenhafte Stadt Vineta gelegen haben. Für Freunde des Räucherfischs ist der Besuch der Koserower Salz- und Packhütten aus dem 19. Jahrhundert ein absolutes Muss. In historisch eindrucksvoller Umgebung kann man hier gemütlich und entspannt Fischspezialitäten direkt aus dem Räucherofen genießen.

Vor der Küste von Koserow soll einst die sagenhafte Stadt Vineta gelegen haben.

Koserow ist zudem ein idealer Ausgangspunkt für Wanderer. Entlang des Achterwassers führt beispielsweise ein herrlicher Deichwanderweg vom Bahnhof aus zum Nachbarort Zempin. Am schmalsten Punkt der Strecke liegt das Atelier des Malers Otto Niemeyer-Holstein, das heute sowohl Museum als auch Begegnungsstätte für Künstler ist.

Kurverwaltung Koserow
Hauptstraße 31
17459 Koserow
Tel.: 038375 20415
usedomer-bernstein baeder.de/koserow

Der heimliche Seeräuber in uns

Blick vom Streckelsberg

Störtebeker am Streckelsberg

Einer der schönsten und zugleich abwechslungsreichsten Strandabschnitte befindet sich am Streckelsberg bei Koserow. Oberhalb des Strandes verläuft ein Wanderpfad, von dem man grandiose Blicke über die Ostsee und den Strand weit unterhalb genießen kann. Von seinem Steilufer aus bietet sich dem Betrachter ein wunderschöner Blick aufs Meer. Von hier aus, auf fast 60 Meter Höhe über dem Meeresspiegel, erkennt man bei klarer Sicht westlich die Kreidefelsen von Rügen, nordwestlich die Insel Oie und südöstlich die Nachbarinsel Wollin.

Spaziergänger und Hunde wirken aus dieser Höhe wie Ameisen, Felsen im Meer wie Kieselsteine. Der Höhenwanderweg hat es in sich. Er stellt nicht nur wegen der vielen Steigungen und Gefälle gewisse Anforderungen an die Kondition. Er ist auch auf manchen Abschnitten recht abenteuerlich. Denn aufgrund von Erosionen verändert sich nicht nur die Küste, sondern auch der Weg immer wieder. Es verbietet sich also von selbst, die Wege zu verlassen und sich den Abbruchkanten zu nähern. Besonders, wenn in der Nacht ein Sturmtief gewütet und Teile des Weges einfach weggerissen hat.

Vom 60 Meter hohen Streckelsberg bei Koserow bietet sich dem Betrachter ein grandioser Blick aufs Meer.

Eine schöne Kombination ist eine Wanderung sowohl auf dem Höhenweg als auch am Strand, je nach Windrichtung zuerst unten oder oben. Das beflügelt nicht nur die Seele, sondern auch die Fantasie. Denn die Höhlen im Berg sollen in der Vergangenheit nicht nur Vögeln Schutz geboten haben. So soll auch der gefürchtete Seeräuber Klaus Störtebeker einst in ihnen Unterschlupf gefunden haben.

Der Kampf gegen die Sturmfluten

Bei den Sturmfluten 1872 und 1874 wurde die Insel Usedom an ihrer schmalsten Stelle vorübergehend in zwei Teile gerissen. Das Dorf Damerow wurde dabei vollständig von den Fluten zerstört. Ein Gedenkstein erinnert an diese verheerende Katastrophe. Zwar gelingt der Schutz insgesamt heute besser als damals. Doch auch jetzt noch werden an den Steilküsten bei Sturmfluten immer wieder breite Landmassen fortgespült. Allein bei der Sturmflut Anfang 2017 wurden in Zempin fast 15 Meter Küste weggerissen. Umso erfreulicher ist es, dass das Land Mecklenburg-Vorpommern nun neue Deiche plant. Dies ist auch den Bemühungen einer Bürgerinitiative zu verdanken. Ein Deich soll um Peenemünde herum entstehen, der zweite als Riegeldeich zwischen Peenestromdeich und der Ostseite von Karlshagen. Der Küstenschutz hat Usedom optisch geprägt. Buhnen, Deiche und Bollwerke sind sowohl im Sommer als auch im Winter beeindruckend. Von den Pfählen aus Kiefernholz, die sich mutig dem Druck der Ostseewellen entgegenstemmen, hängen im Winter dicke Eiszapfen. Im Sommer dienen sie Kindern als Balancierstangen. Die Möwen garnieren sie ganzjährig und nutzen sie als Rastplatz und Ausguck. Zudem laden einige Deiche mit ihren angelegten Wegen zum Radfahren und Wandern ein. Besonders wichtig für den Erhalt und Schutz der Küste sind auch die Wälder entlang der Außenküste. Für Urlauber und Erholungssuchende sind sie zudem eine hervorragende Möglichkeit, auch bei steifer Brise im Windschutz der Bäume zu wandern.

> Allein bei der Sturmflut Anfang 2017 wurden in Zempin fast 15 Meter Küste weggerissen.

■ Mehr Strandbesucher als Strandfischer

■ Am Strand kann man mehr als nur Bernstein finden

Bernsteinsucher und Strandfischer

An der schmalsten Stelle Usedoms ist die Wahrscheinlichkeit Bernstein zu finden am größten. Deshalb haben die ehemaligen Fischerdörfer Zempin, Koserow, Loddin und Ückeritz sich den Beinamen „Bernsteinbäder" gegeben. Damit haben sie eine gute Wahl getroffen. Wie der Bernstein mit seiner goldbraunen Farbe und Jahrmillionen alten Vergangenheit sind sie selbst auch: schnörkellos schön, naturnah und von warmer Strahlkraft. Statt prunkvoller Gründerzeitvillen findet man hier reetgedeckte Häuser, urige Fischerkaten und alte Gehöfte.

Usedomer Bernsteinbäder
www.usedomer-bernsteinbaeder.de

Ein besonderes Highlight in den vier Seebädern ist die traditionelle Bernsteinwoche von Ende März bis Anfang April. Dann wimmelt es am Strand von Bernsteinsuchern, die unter kundiger Anleitung auf die Pirsch gehen. Glückliche Finder können später ihre Beute in Schleifkursen in ganz persönliche Schmuckstücke verwandeln.

Frühaufsteher können zudem in den Bernsteinbädern mehr genießen als

> Ein besonderes Highlight in den vier Seebädern ist die traditionelle Bernsteinwoche.

beeindruckende Sonnenaufgänge. Sie können den Strandfischern bei der Arbeit zusehen. Bei Tagesanbruch schieben diese ihre typischen Fischerboote mit dem flachen Rumpf in die Ostsee und werfen ihre Netze aus. Auch wenn diese traditionelle Art des Fischfanges heute selten geworden ist und kaum noch ein Fischer seinen Lebensunterhalt mit dem Fang bestreiten kann, ist die Faszination ungebrochen. Wenn sie später mit Dorsch, Flunder oder Hering zurückkehren, gibt es keinen, der nicht wenigstens einen neugierigen Blick auf den zappelnden Inhalt der Boote werfen will.

Edelfische lassen sich auch am Achterwasser fangen

Usedoms Brot- und Edelfische

Fischkutter am Strand sind beliebte Fotomotive bei Touristen. Viel mehr aber auch nicht, denn vom Fischfang allein können heute nur noch Möwen und Kormorane leben. Der Beruf des Fischers ist so gut wie ausgestorben auf Usedom. Gleichwohl gibt es noch einige, die immer noch gern hinaus auf die Ostsee fahren, um Hering und Co. zu fangen. Der Hering, früher einst Brotfisch der Usedomer Fischer, gab übrigens dem berühmten Ostseebad Heringsdorf seinen Namen. Die Idee kam von Kaiser Wilhelm – einem Usedom-Fan. Fisch steht natürlich auch heute noch ganz oben auf den Speisekarten in den Hotels und Restaurants. Er kommt allerdings eher aus Lettland oder Weißrussland, zu deutlich günstigeren Preisen. Doch nicht nur Seefische finden sich auf der Speisekarte. In manchen Restaurants gibt es auch edle Fische aus dem Achterwasser.

Ein ganz besonderer Achterwasser-Fisch ist der Ostseeschnäpel, auch bekannt als Steinlachs, Maräne, Felchen oder Renke. In den 1920er und 30er Jahren galt dieser lachsartige Fisch als Delikatesse. Wegen der dramatischen Verschlechterung der Wasserqualität der Ostsee in den 1980er und 1990er Jahren stand der Schnäpel jedoch kurz vor dem Aussterben. Erst durch ein groß angelegtes Zuchtprogramm und Fördermittel der EU konnte sich der Bestand wieder erholen. Heute ist der Schnäpel zu Recht wieder auf vielen Speisekarten der Usedomer Restaurants zu finden. Sein Fleisch ist fest und hat einen wunderbaren Geschmack. Und das Beste: Er hat ganz wenig Gräten.

Fischarten an der Ostsee

www.fische-arten.de/fischarten-an-der-ostsee

> Der Hering, früher einst Brotfisch der Usedomer Fischer, gab dem Ostseebad Heringsdorf seinen Namen.

■ Bockwindmühle Pudagla

■ Holländerwindmühle Benz

Duellszenen und Mühlenmaler

Nahe Pudagla befindet sich eine besondere Attraktion der Insel. Auf einem Berg weithin sichtbar steht die Bockwindmühle Pudagla. Sie wurde im 17. Jahrhundert erbaut. Bis zum Jahr 1810 waren alle Bauern im Einzugsbereich Pudaglas verpflichtet, ihr Korn dort mahlen zu lassen. Ab 1937 stand die Mühle dann still. Erst 1997 erfolgte ihre Sanierung. Es lohnt sich, den Besuch mit einer schönen Wanderung oder Radtour zu verbinden, denn die Landschaft um Pudagla und seine Bockwindmühle ist wunderschön und gut erschlossen. Nicht weit von Pudagla entfernt, in Benz, befindet sich eine weitere Windmühle. Die Holländerwindmühle Benz und ihr Mühlenberg gehören ohne Zweifel zu den schönsten Orten auf Usedom. Von hier aus hat man einen zauberhaften Blick über Felder und Wälder. Mit einem Aufstieg in der alten Mühle lässt sich das Erlebnis sogar noch toppen. Der Ort ist so attraktiv, dass er sogar

Bockwindmühle Pudagla
www.usedom-bockwindmuehle-pudagla.de

Windmühle Benz
www.muehle-benz.de

Die Windmühlen bei Pudagla und Benz gehören zu den weithin sichtbaren Attraktionen der Insel.

Filmgeschichte schrieb. Der bekannte Regisseur Wolfgang Luderer filmte hier für „Effi Briest". Für die legendäre Duellszene zwischen Geert von Instetten und Crampas diente die Mühle als Drehort.

Auch berühmte Maler wie Lyonel Feininger wurden magisch von ihr angezogen. Im Jahre 1910 hielt der Maler die Holländerwindmühle auf dem Zeichenpapier fest. Das Original befindet sich heute in New York. Außer für Feininger war auch für Otto Niemeyer-Holstein die Mühle eine Herzensangelegenheit. Der Maler erwarb sie 1974, ließ sie sanieren und erreichte, dass sie unter Denkmalschutz gestellt wurde.

Für Radfahrer tabu

Es gibt Erfahrungen auf Usedom, die kann man nur zu Fuß machen. So ist es auch auf der Halbinsel Gnitz. Das etwa 60 Hektar große Naturschutzgebiet südlich der Gemeinde Zinnowitz ist sogar für Radfahrer tabu. Das macht sich auch bemerkbar. Irgendwie scheint hier alles ruhiger abzulaufen. Tiere fliehen nicht in Panik, wenn sie auf Wanderer stoßen und Vögel verstummen nicht. Hier ist die Welt noch in Ordnung. Gnitz bietet wertvolle Lebensräume, die große Bedeutung als Rückzugsgebiete für verschiedene gefährdete und vom Aussterben bedrohte Tier- und Pflanzenarten haben.

Gnitz Rundtour
www.auf-nach-mv.de/wandern-usedom-gnitz

Wer sich der Natur gegenüber rücksichtsvoll verhält, kann hier ganz viel Schönheit entdecken, die es sonst fast nirgendwo mehr gibt.

Die Halbinsel Gnitz hat eine große Bedeutung als Rückzugsgebiet für viele bedrohte Tier- und Pflanzenarten.

Ruhe und Entspannung Suchende kommen hier auf ihre Kosten – Strandgefühle und ein Bad im Achterwasser eingeschlossen. Die meisten gehen nur bis zur Trockenwiese am südlichsten Punkt. Hier fehlt der Schilfgürtel vollends, und man hat einen grandiosen Blick über das Achterwasser. Der kleine Sandstrand lässt sogar mediterrane Gefühle aufkommen. Doch wer mehr will, sollte den Aufstieg auf den 32 Meter hohen Weißen Berg nicht scheuen. Wilde Brombeeren und Wacholder säumen den Wanderweg. Von oben hat man einen hervorragenden Blick die Steilküste hinunter, in der Uferschwalben nisten. Die Natur auf der Halbinsel Gnitz ist vielfältig. Es gibt Feuchtwiesen und Magerrasenflächen zu entdecken, Wassertümpel, Dünen und Strandflächen, eine Salzwiese, Feuchtbiotope und Kiefernwald.

■ Anklamer Tor in Usedom Stadt

■ Blick auf Usedom Stadt

Vom Anklamer Tor in die Natur

Die Stadt Usedom ist slawischen Ursprungs und wurde im 13. Jahrhundert gegründet. Sie liegt zwischen Peenestrom, Achterwasser, Usedomer See und kleinem Haff. Wer sie von Westen aus durch das Anklamer Tor betritt, der durchschreitet das einzige noch erhaltene von ehemals drei Stadttoren. Von der Stadtmauer ist leider kaum noch etwas erhalten. Dafür versprüht der Marktplatz mit seinem Rathaus und der imposanten Marienkirche immer noch viel mittelalterlichen Charme.

In den Sommermonaten weiht der „Schließer vom Stadtkerker" historisch Interessierte bei einer Stadtführung in die Geheimnisse der alten Handels- und Handwerkerstadt ein. Alternativ kann man auch in der Heimatstube am Anklamer Tor in die Historie eintauchen. Wenn man die Stadt Usedom auf ei-

Stadt Usedom
Stadtinformation Usedom
Bäderstraße 5
17406 Usedom
Tel.: 038372 70890
www.stadtinfo-usedom.de

Der Marktplatz mit Rathaus und Marienkirche versprüht noch mittelalterlichen Charme.

gene Faust erkundet, sollte man auf keinen Fall den Usedomer See vergessen. Eine Umrundung ist eine gute Möglichkeit, den Ort kennenzulernen sowie in Kultur und Natur zu schwelgen. Mit etwa drei Stunden für die 12 Kilometer lange Runde erfordert sie aber auch einiges an Kondition. Der See ist fast vollständig von Wiesen umschlossen. An einigen Stellen ist das Gras kniehoch. An der schmalsten Stelle gibt es eine etwa 50 Meter breite Verbindung zum Haff. Hier endet die kaum befahrene Straße. Wanderer müssen sich darüber allerdings keine Sorgen machen. Eine private Personenfähre in Form eines kleinen Ruderbootes verbindet Ost- und Westklüne miteinander. Auch eine Fahrradmitnahme ist möglich, wenngleich etwas abenteuerlich.

■ Naturpark Insel Usedom im Klaus-Bahlsen-Haus

■ Mensch, Tier und Natur in Harmonie

Zwischen Tourismus und Naturschutz

Naturpark im Sinne einer großflächigen Kulturlandschaft ist die Insel Usedom seit Dezember 1999. Doch bereits zu DDR-Zeiten waren einige Flächen Usedoms zu Landschafts- bzw. Naturschutzgebieten erklärt worden. Diese wurden nach und nach erweitert. Im Naturpark Insel Usedom befinden sich heute 14 Naturschutzgebiete mit einer Größe von insgesamt fast 4.000 Hektar. Alle Gebiete können auf angelegten Pfaden zumindest zeitweilig geführt oder ungeführt begangen werden. Die gleichnamige Gesellschaft „Naturpark Insel Usedom" kümmert sich um den Erhalt dieser natürlichen Ressourcen. Da der steigende Tourismus auf der Insel Gefahren für das Gleichgewicht zwischen Mensch und Natur birgt, bemühen sich die Mitarbeiter im Naturpark-Informationszentrum im historischen Bahnhofsgebäude an der Bäderstraße von Usedom Stadt um Aufklärung. Mit moderner Multimedia-Technik, einer 23-minütigen Ton-Dia-Show und Infotafeln zum Naturraum Insel Usedom wird leicht verständlich viel Wissen vermittelt. Strand und Dünen als Lebensraum sind dort ebenso ein Thema wie Leben im Schilf, Niedermoornutzung oder Küstendynamik. Das Informationszentrum ist im Klaus-Bahlsen-Haus untergebracht. Bereits seit 1993 engagiert sich die Rut- und Klaus-Bahlsen-Stiftung für verschiedene Naturschutzprojekte auf der Insel Usedom. Neben dem Ausbau des alten Bahnhofs hat die Stiftung auch mehrere Flächen zur Renaturierung angekauft. Sie unterhält ferner ein Umweltmobil, das über die Insel fährt und Schulkindern die Natur nahebringt.

Naturpark Insel Usedom
Klaus-Bahlsen-Haus
Bäderstraße 5
17406 Usedom
Tel.: 038372 7630
www.naturpark-use
dom.de

Das Informationszentrum im Klaus-Bahlsen-Haus engagiert sich seit 1993 für Naturschutzprojekte auf der Insel.

■ Kleinode der Gemütlichkeit

■ Geschützt im Schilf

Kleinode am Schilfgürtel

Südlich der drei Kaiserbäder, abseits von der Quirligkeit dieser Orte, erstreckt sich Usedoms Hinterland, oder wie die Einheimischen auf „good Plattdüütsch seggen": Achterland.

Usedomer Achterland
www.usedom.de/
orte/achterland

Das idyllische Achterland ist geprägt von eindrucksvoller Natur und Ruhe. Dörfer haben ihre Ursprünglichkeit bewahrt. Nicht verwunderlich, dass sich hier auch Tiere pudelwohl fühlen, die der Mensch anderswo längst vertrieben hat. Nicht selten kann man sogar hoch in den Lüften Seeadler ihre Kreise ziehen sehen. Hügeliger als man vielleicht vom Land am Meer erwartet, präsentiert sich das Achterland an anderer Stelle mit traumhaften Blicken über die Schilfgürtel am Achterwasser und Peenestrom. Blühende Wiesen und stattliche Wälder werden immer wieder unterbrochen durch kleine und größere Seen, Bäche und Sölle.

In den kleinen Dörfern, wo viele Häuser noch mit Schilfrohr gedeckt sind, ist alles noch ursprünglich.

Manchmal scheint es fast, als wolle man hinter den breiten Schilfgürteln die Kleinode der Gemütlichkeit vor den Blicken Neugieriger schützen. Doch der Eindruck täuscht. Die Einheimischen heißen Gäste meist willkommen, vor allem solche, die sich interessiert zeigen und sich nicht wie Ballermann-Touristen benehmen. In den kleinen Dörfern, wo viele Häuser noch mit Schilfrohr gedeckt sind, ist alles noch natürlich: Fischerboote liegen verträumt am Ufer, es riecht nach frisch Geräuchertem – ein Genuss, dem man schwerlich widerstehen kann. An anderer Stelle wiederum ragen imposant Bockwindmühlen in den Himmel. Usedoms Hinterland ist ein Paradies für Naturfreunde, Wanderer, Radler und Erholungssuchende.

Vom Fischerdorf ins All

Am Übergang des Peenestroms in die Ostsee liegt Peenemünde, die nördlichste Gemeinde der Insel Usedom. Traurige Bekanntheit erlangte der Ort als Erprobungsstelle der Luftwaffe von 1936 bis 1945. Somit ist Peenemünde an der Nordspitze der Insel wohl der international bekannteste Ort Usedoms. Einst ein beschauliches Fischerdörfchen, wurde der Ort durch die „Heeresversuchsanstalt Peenemünde" weltbekannt. Zwischen 1939 und 1945 wurde hier auch unter Einsatz von Zwangsarbeitern an der Entwicklung neuartiger Waffen gearbeitet. Unter der wissenschaftlichen Leitung Wernher von Brauns gelang so 1942 mit dem weltweit ersten Start einer Rakete ins All einer der spektakulärsten, gleichzeitig aber auch einer der gefährlichsten technischen Durchbrüche des 20. Jahrhunderts. Diese historischen Ereignisse dokumentiert heute in Peenemünde die Ausstellung des Historisch-Technischen Museums, die im Kraftwerk der ehemaligen Heeresversuchsanstalt – dem größten technischen Denkmal Mecklenburg-Vorpommerns – zu besichtigen ist. Im Ort gibt es weitere spannende Ausflugsziele, z. B. ein ehemaliges russisches U-Boot, die Phänomenta und ein Spielzeugmuseum. Doch Peenemünde bietet nicht nur Historisches, sondern auch schöne Wege und reichlich Natur mit einsamen Wanderpfaden, um über das Gesehene nachzudenken. Zudem fährt vom Peenemünder Hafen von Anfang Mai bis Ende Oktober eine Fußgänger- und Fahrradfähre nach Freest und Kröslin auf dem Festland und bietet Fahrten auf die Inseln Ruden und Greifswalder Oie an.

Historisch-Technisches Museum Peenemünde

Im Kraftwerk
17449 Peenemünde
Tel.: 038371 5050
www.museum-peenemuende.de

Unter der wissenschaftlichen Leitung Wernher von Brauns gelang 1942 der weltweit erste Start einer Rakete ins All.

Filigrane Schönheiten in der Schmetterlingsfarm

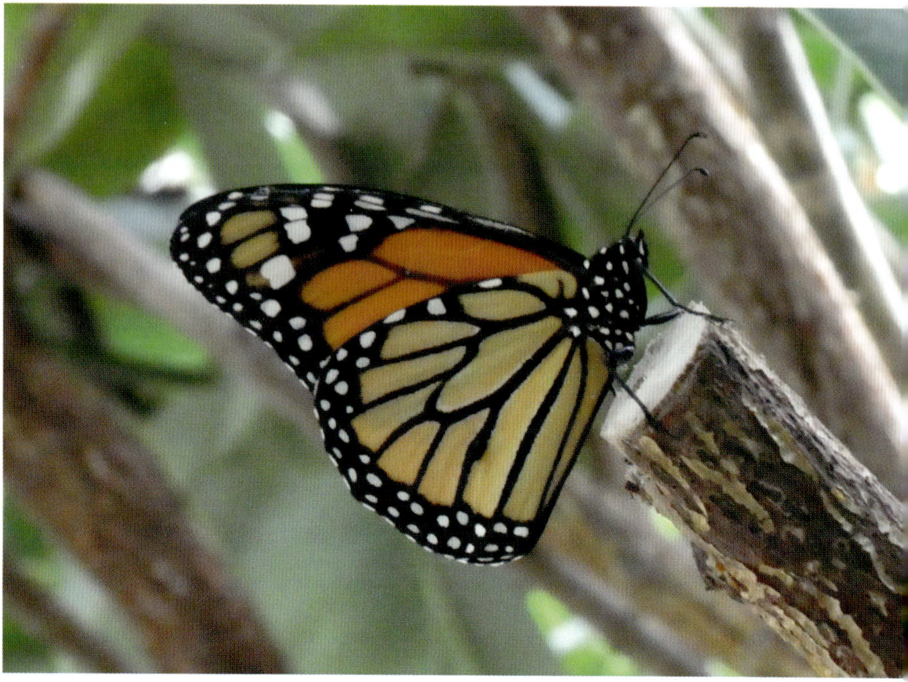

Tropische Vegetation und Temperaturen

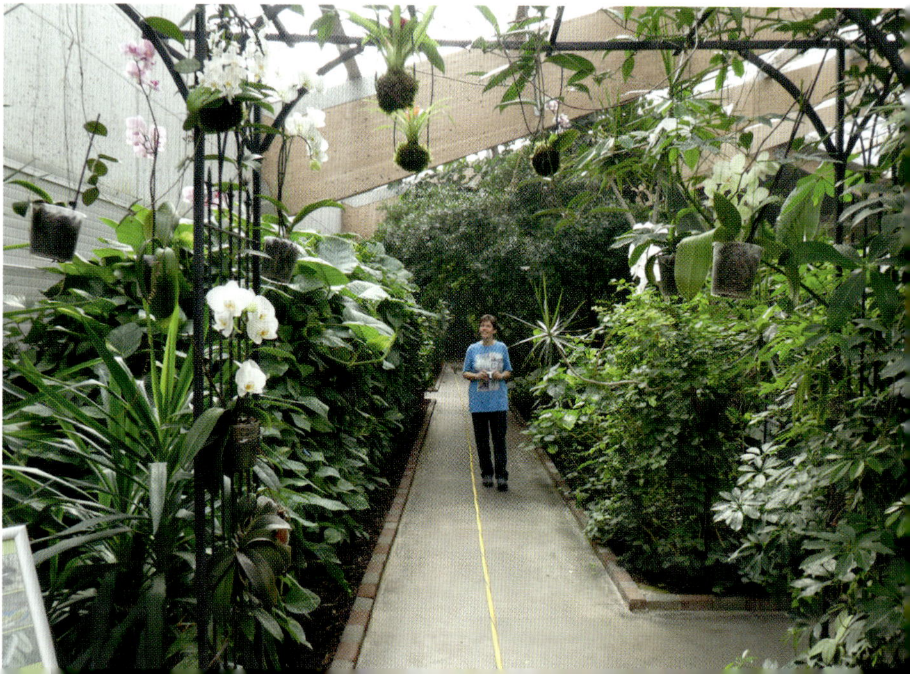

Von „Butterfliegen" bis Bananenfalter

Auf Usedom stoßen wir immer wieder auf Worte mit slawischen Wurzeln. Wussten Sie aber, dass der deutsche Name „Schmetterling" ebenfalls slawischstämmigen Ursprungs ist und soviel wie Schmand oder Rahm bedeutet? Das englische Wort „Butterfly" deutet das schon eher an. Weil einige Schmetterlingsarten also vom Rahm der Milch angezogen werden, galten die friedfertigen und filigranen Falter im Mittelalter als Verkörperung von Hexen, die es auf den Rahm abgesehen hatten. Das ist heute Gott sei Dank nicht mehr so.

Nahezu alles über Schmetterlinge können Usedom-Urlauber in Europas größter Schmetterlingsfarm erfahren. Das exotische Paradies befindet sich im Badeort Trassenheide, etwa 25 Kilometer von den drei Kaiserbädern entfernt. Der Zoo der besonderen Art beherbergt in einem naturnahen Biotop auf einer Fläche von etwa 5.000 Quadratmetern an die 2.500 tropische Schmetterlinge mit bis zu 60 verschiedenen Arten, darunter den Schwalbenschwanz, Himmels-, Passionsblumen- und Bananenfalter sowie den zweitgrößten Schmetterling der Welt, den Atlasfalter.

„Schmetterling" ist slawischen Ursprungs und bedeutet soviel wie Schmand oder Rahm.

Und wer aus dem Biologieunterricht noch weiß, dass die Hauptspeise der Falter Nektar ist, wird richtigerweise vermuten, dass hier auch viele tropische Pflanzen, wie Orchideen, Hibiskus und Bananenpflanzen zu bestaunen sind. Nicht weniger exotische Tiere wie Papageien, Riesenschildkröten, Bartagamen, Vogelspinnen und Skorpione, aber auch exotische Insekten machen einen Besuch der Schmetterlingsfarm in Trassenheide zu etwas ganz Besonderem.

Schmetterlingsfarm
Wiesenweg 5
17449 Trassenheide
Tel.: 038371 28218
www.schmetterlingsfarm.de

Pilgern wird immer beliebter

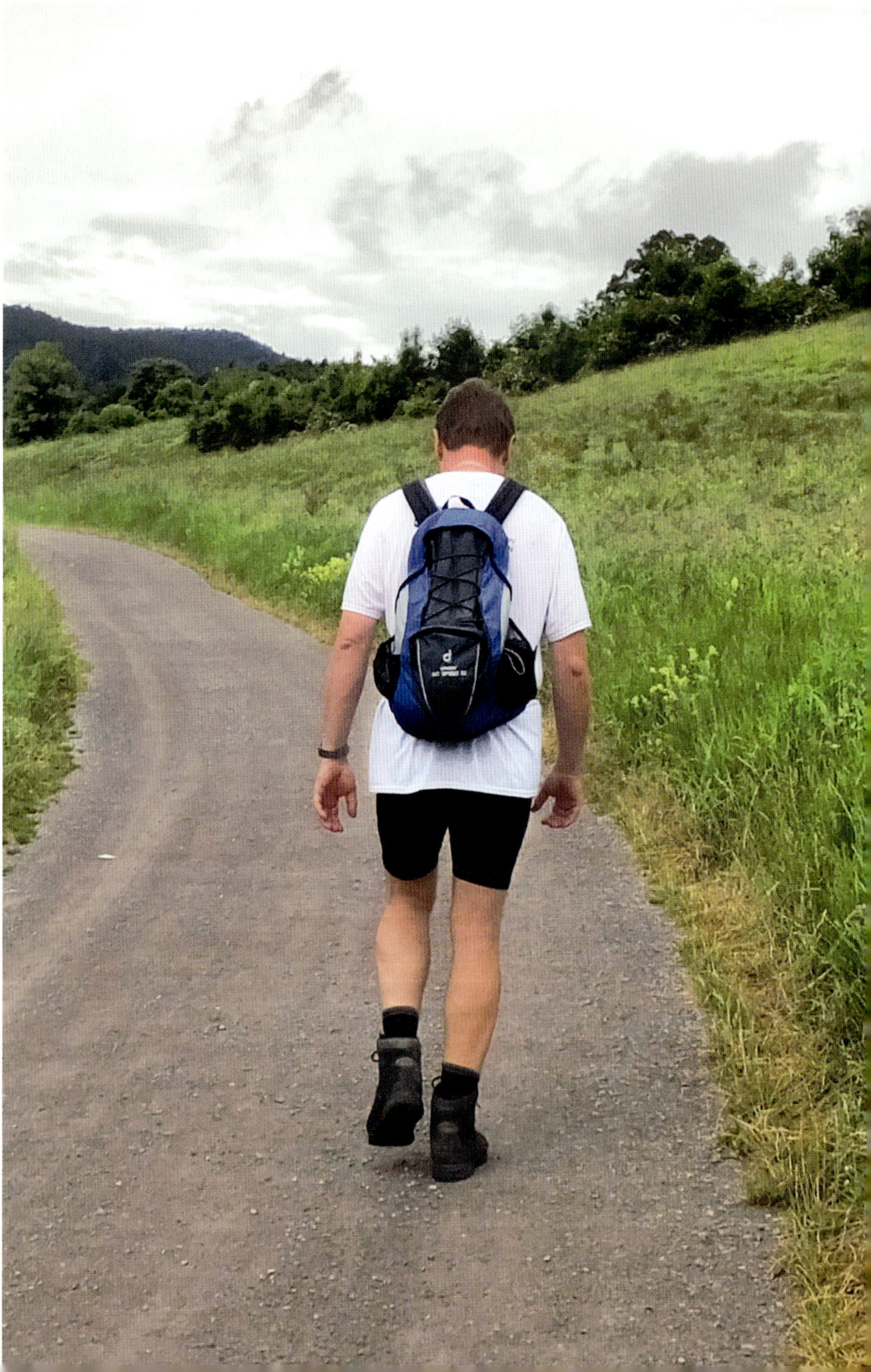

Ich bin dann mal hin und weg

Neben dem Wandern wird auch das Pilgern immer beliebter. Das ist nicht nur auf den „Hape-Kerkeling-Effekt" und seinen Bestseller „Ich bin dann mal weg" zurückzuführen. Es sind oftmals auch keine religiösen Aspekte, die Menschen zu Pilgern machen. Es ist vielmehr die Sehnsucht nach Langsamkeit, nach Ausbruch aus einem von Stress und Reizüberflutung geprägten Alltag. Selbstfindung und die Suche nach einem einfacheren und sinnerfüllten Leben sind die zentralen Motive für eine Pilgerreise.

Jakobsweg Via Baltica
www.jakobswege-europa.de/wege/via-baltica

In diesem Sinne kann auch eine Wanderung auf nicht ausgetretenen Pfaden in Usedoms Hinterland eine besondere Pilger-Erfahrung sein. Menschen begegnet man hier nur selten, manchmal aber sich selbst. Spätestens dann erhalten wir Antwort auf die Frage, ob es wirklich Hunderte von Kilometern Pilgerreise nach Santiago de Compostela sein müssen. Wer aber doch lieber auf dem Original pilgern möchte, wird auf Usedom

Die Via Baltica auf Usedom ist die nördlichste Ost-West-Verbindung im deutschen Jakobswegenetz.

ebenfalls fündig. Die Via Baltica, der Baltisch-Westfälische Weg, ist die nördlichste Ost-West-Verbindung im deutschen Jakobswegenetz. Er stellt die Brücke von den baltischen Ländern nach Santiago de Compostela in Spanien dar. Für den 36 Kilometer langen Pilgerabschnitt braucht man ca. sieben Stunden. Er beginnt an der Grenze von Polen und Deutschland bei Swinemünde (Swinoujscie), führt von der Gedenkstätte Golm über Kamminke, Garz, Zirchow, Stolpe und Usedom bis nach Zecherin. Eine symbolisierte Jakobsmuschel mit gelben Pfeilen und Strahlen sowie blaue Plaketten markieren den Weg.

Schloss Stolpe mit Hotel und Remise

Der kleine Hafen von Stolpe

Aufstieg, Untergang und Erneuerung

Schloss Stolpe ist, genau wie seine Besitzer, durch viele Höhen und Tiefen gegangen. Auf mittelalterlichen Mauerresten baute Otto v. Schwerin Ende des 16. Jahrhunderts einen Herrensitz im Renaissancestil. Nach dessen Zerstörung im 30-jährigen Krieg wurde es im Barockstil wiederaufgebaut. Ende des 19. Jahrhunderts fand auch dieser Stil keine Gnade mehr in den Augen der Besitzer. Die Schwerins bauten es zu einem Schloss mit Türmchen und Arkaden um, ergänzten Wirtschaftsräume, Gästezimmer und einen Saal mit eindrucksvoller Stuckdecke für Gesellschaften.

Schloss Stolpe
Am Schloss 9
17406 Stolpe auf Usedom
www.schloss-stolpe.de

Freda Gräfin von Schwerin war die letzte Herrin auf Schloss Stolpe. Energisch verteidigte sie ihre Heimat im zweiten Weltkrieg gegen die Russen, musste aber aufgeben, als der Jahrhunderte alte Familienbesitz durch die Bodenreform 1945 enteignet wurde. Der Gräfin blieb nichts als die Wohlfahrt. Sie zog nach Lüneburg und starb dort verarmt 1957. Ihre letzte Ruhe fand sie aber wieder in Stolpe, auf dem Dorffriedhof. Das Schloss wurde nach und nach heruntergewirtschaftet. Mal diente es als Verwaltungsgebäude, mal als Ferienlager. Und wieder fiel sein Aussehen dem Zeitgeist zum Opfer. Der komplette Mittelteil wurde weggebrochen und die Türme zerstört, um ihm den Schlosscharakter zu nehmen. Mitte der 90er Jahre übernahm dann die Gemeinde das verwahrloste Schloss mit der Auflage, es instand zu setzen. Der Saal mit der herrlichen Stuckdecke dient immer noch, wie schon zu Zeiten der Gräfin, für besondere Events.

> Der Saal von Schloss Stolpe dient immer noch, wie schon zu Zeiten der Gräfin von Schwerin, für besondere Events.

■ Die Gleise der alten Bahnlinie

■ Was von der Brücke übrigblieb

Mit der Eisenbahn zur Badewanne

Wer mit der Bahn Ende des 19. Jahrhunderts von Berlin nach Usedom wollte, fuhr über die Karniner Brücke. Selbst Heinrich Mann schwärmte von der komfortablen dreieinhalbstündigen Direktverbindung. Als Mitte 1911 auch noch Bansin an das Eisenbahnnetz angeschlossen wurde, verfünffachten sich die Besucherzahlen. Jetzt war die „Badewanne Berlins" in weniger als drei Stunden von der Hauptstadt aus erreichbar. Die finanzkräftigen Berliner zählten schon immer zu den wichtigsten Badegästen Usedoms. In den 30er Jahren war der Andrang der urlaubshungrigen Hauptstädter dann so groß, dass die Brücke modernisiert werden musste. Findige Brückenbauer machten bei dieser Gelegenheit aus ihr eine Hubbrücke, die wie ein Fahrstuhl funktionierte. Für die damalige Zeit war das ein sensationelles Prinzip. Ihre Gleise konnten in

Karniner Eisenbahnhubbrücke
Karnin Bugewitz
www.karninerbruecke.eu

Schon Heinrich Mann schwärmte von der komfortablen dreieinhalbstündigen Direktverbindung von Berlin nach Usedom.

drei Minuten gehoben und wieder gesenkt werden. So konnten sowohl Schnellzüge als auch große Frachtschiffe die Brücke passieren. Diese geniale Technik fiel bei Kriegsende einem Sprengkommando der Wehrmacht zum Opfer, das den russischen Truppen den Weg abschneiden wollte. Nur der Hubteil der Karniner Brücke blieb übrig. Auch dieser sollte dann 1990 abgerissen werden. Eine Bürgerinitiative verhinderte dies. Seit einigen Jahren setzt sich ein Aktionsbündnis für den Wiederaufbau der Brücke und die Wiederherstellung der früheren Bahnstrecke ein. Inzwischen wurde auch der vom Verfall bedrohte Karniner Bahnhof restauriert und zu einem kleinen Museum und Restaurant umgestaltet.

■ Die längste Seebrücke Deutschlands

■ Auch schön – die Seebrücke Bansin

Übers Wasser gehen

Für die meisten Urlauber ist sie eines der Wahrzeichen der Insel Usedom, die Seebrücke in Heringsdorf. Aus gutem Grund, denn mit 508 Metern ist sie die längste ihrer Art in Deutschland. Doch so alt ist sie noch gar nicht. Die heutige Seebrücke wurde erst am 3. Juni 1995 eingeweiht. Zwar gab es bereits seit 1893 eine erste Seebrücke, die dafür sorgte, dass prominente Gäste bequem mit dem Schiff anreisen konnten. Doch ein Feuer vernichtete 1957 die als Holzkonstruktion mit Türmchen und Kolonnaden aufwendig errichtete Kaiser-Wilhelm-Brücke.

Gut 40 Jahre lang musste das Seebad Heringsdorf dann ohne sein heutiges Wahrzeichen auskommen. Erst nach der Wende entdeckte die Gemeinde Heringsdorf den Reiz und die Bedeutung einer Seebrücke, auch für den Tourismus, wieder. Mehr

Mit 508 Metern ist die Seebrücke in Heringsdorf die längste ihrer Art in Deutschland.

noch, die alte Seebrücke wurde nicht nur rekonstruiert, sondern 50 Meter vom ursprünglichen Standort neu errichtet: auf sechs Meter tiefen Stahlpfeilern, 50 Meter länger, mit zahlreichen Restaurants, Geschäften, Ferienwohnungen, Souvenirläden und sogar einem Muschelmuseum landseitig. Ein weiteres Restaurant mit auffälligem, pyramidenförmigem Dach finden Touristen in exklusiver Lage am Ende des hölzernen Stegs. Einen halben Kilometer vom Strand entfernt, genießt man einen schönen Blick auf Meer und Küste. Zudem befindet sich hier der Anleger, von dem aus Ausflugsschiffe die anderen Seebäder anlaufen. Auch im Winter muss auf dem überdachten Steg keiner frieren, da auf der Mittelplattform weitere Läden eröffnet haben.

Seebrücke Heringsdorf

17424 Heringsdorf
Tel.: 038378 339677
ostseemagazin.net/
seebruecke-herings
dorf

Weißer Eieruhrensand am Strand

Usedoms Strände sind top. Doch wie steigert man breit und feinsandig? Breiter und feinsandiger? Südöstlich von Peenemünde und nordwestlich von Trassenheide finden vor allem Usedom-Urlauber mit Kind und Kegel eine Antwort auf die Frage. Diese könnte hier womöglich Karlshagen und Eieruhrensand lauten. Mit bis zu 80 Metern ist der Strand hier noch einen Tick breiter, der Sand noch ein bisschen feiner und weißer. Da betrübt auch die Tatsache nicht, dass hier der insgesamt 42 Kilometer lange Sandstrand Usedoms endet. Denn dieser letzte, gut einen Kilometer lange Abschnitt am Strand von Karlshagen zeigt noch einmal, warum sich vor allem Familien mit Kindern hier wie die Fische im Wasser (wohl-) fühlen. Karlshagen hat offiziell sogar eine aktuell zehnjährige Kurdirektorin nur für die Belange von Kids und Teens – einzigartig in M-V. Die jüngere Geschichte Karlshagens ist eng mit der von Peenemünde verbunden. In dem Seebad hinter den Dünen mit dem schmalen Kiefernwaldstreifen befand sich die Wissenschaftlersiedlung. Auch nach dem Zweiten Weltkrieg und zu DDR-Zeiten blieb Karlshagen zunächst noch Sperrgebiet. Inzwischen ist es aber ein modernes Seebad, das alles bietet, was man von einem Strandurlaub erwartet: surfen, segeln, Bananenboot fahren, im Strandkorb entschleunigen oder einfach nur baden. Das Wasser hier wurde als besonders sauber mit der Blauen Flagge ausgezeichnet. Der moderne Yacht- und Fischereihafen ist reizvoll. Gleiches gilt für die Campinganlage unmittelbar hinter den Dünen.

Ostseebad Karlshagen
Hauptstraße 4
17449 Ostseebad Karlshagen
Tel.: 038371 55490
www.karlshagen.de

Mit bis zu 80 Metern ist der Strand in Karlshagen noch einen Tick breiter, der Sand noch ein bisschen feiner und weißer.

■ Ein Paradies für Kinder

■ Spaß für die ganze Familie

Fiete und der Wichtelwald

Die ersten Bewohner des späteren Trassenheide waren eine Handvoll Fischer. Ihr Auftrag per königlichem Dekret war die Gründung einer Heringsfischerkolonie an diesem sehr abgelegenen Strandabschnitt. Der Fang war gut, die Kolonie wuchs. Durch das Wachstum jedoch sanken die Erträge. Die Fischer versuchten, mit Vermietungen an Sommergäste ihre Kasse aufzubessern. Mit Erfolg. Dieser Idylle setzte 1943 ein Bombenangriff ein jähes Ende. Er galt eigentlich der Rüstungsindustrie in Peenemünde. Trassenheide wurde fast vollständig zerstört. Es vergingen viele Jahre, bis der Badebetrieb wiederaufgenommen werden konnte. Inzwischen ist Trassenheide ein echtes Familien-Ostseebad. Darauf ist

Ostseebad Trassenheide
Strandstraße 36
17449 Ostseebad Trassenheide
Tel.: 038371 20928
www.trassenheide.de

Trassenheide ist ein Familien-Ostseebad mit Puppentheater, Sandburgenmeisterschaften und Märchenfee.

man stolz und darf es zu Recht sein. Ob Puppentheater, Sandburgenmeisterschaften oder eine Märchenfee, die Geschichten liest: Es ist immer für liebevolle Unterhaltung gesorgt. Hoch im Kurs steht auch die Piratin, die mit ihrer „Mannschaft" auf Schatzsuche geht, oder Fiete, das putzig-freche Maskottchen. Wem das alles noch nicht reicht, der kann sich auf dem Abenteuer-Spielplatz austoben oder den Wichtelwald besuchen. Und was macht man als Erwachsener? Ganz einfach: Spaziergänge am vier Kilometer langen Strand zur puren Entschleunigung, FKK für ein Gefühl von Freiheit und per Fahrrad oder zu Fuß durch die abwechslungsreiche Natur zur sportlichen Entspannung. Naturnah unterkommen kann man zudem auf dem kommunalen Campingplatz „Ostseeblick". Von hier sind es nur wenige Schritte bis in die Fluten der Ostsee.

■ Geschichten aus der versunkenen Stadt

■ Die Vineta-Festspiele in Zinnowitz

Festspiele zum Atlantis der Ostsee

Das 700 Jahre alte Zinnowitz gehört zu den schönsten Seebädern auf der Insel, die Badetradition zu der ältesten auf Usedom. Seit mehr als 150 Jahren werfen sich hier Menschen in die Fluten der Ostsee, seit jüngerer Vergangenheit auch ins bis zu 32 Grad warme Wasser der Bernsteintherme Zinnowitz. Zwischen Ostsee und Achterwasser, an einer der schmalsten Stellen Usedoms gelegen, ist der Ort umgeben von Buchen-, Eichen- und Nadelwald. Das Ortsbild selbst ist geprägt durch Bädervillen und die weit ins Meer hineinragende Seebrücke, die „Vineta-Brücke".

Bekannt ist Zinnowitz aber nicht nur wegen seiner Architektur oder des vielfältigen Angebots für Beauty und Wellness, Spiel, Spaß und Sport. Vor allem auch kulturell macht die nach Swinemünde und Heringsdorf drittgrößte Gemeinde auf Usedom von sich reden. Seit 1997 finden auf der Freilichtbühne an der Ostsee in Zinnowitz die Vineta-Festspiele statt. Die weit über die Landesgrenzen hinaus bekannten Theateraufführungen der Landesbühne Anklam widmen sich thematisch der Sage um die versunkene Stadt Vineta. Diesem Begriff begegnet man auf Usedom öfter. Der Sage nach ging die unermesslich reiche, angeblich sogar größte Stadt Europas, das „Atlantis der Ostsee", bei einem Sturmhochwasser unter. Der Sturm war aber nur die Ursache für den Untergang. Der Grund lag nämlich im moralischen Verfall der Stadt und in der Verschwendung der Bewohner begründet. Hochmut kommt bekanntlich vor dem Fall, erst recht, wenn man alle Warnungen in den Wind schlägt.

Seit 1997 finden auf der Freilichtbühne an der Ostsee in Zinnowitz die Vineta-Festspiele statt.

Vineta Festspiele

Seestraße 8
17454 Zinnowitz
Tel.: 03971 2688800
www.vineta-festspiele.de

Kurverwaltung Zinnowitz

Neue Strandstraße 30
17454 Zinnowitz
Tel.: 038377 4920
www.zinnowitz.de

Zempiner Hafen im Sommer

Auch im Winter idyllisch

Kleinstes Seebad der Insel

Das kleinste Seebad auf Usedom ist die Gemeinde Zempin. Der ehemalige Fischerort mit über 40 reetgedeckten Häusern liegt auf halber Strecke zwischen Zinnowitz und Koserow an der schmalsten Stelle der Insel. Hier trennen Ostsee und Achterwasser nur wenige hundert Meter. Zempin wird von Urlaubern bevorzugt, die sich naturverbunden erholen möchten. Entlang der Küste verbindet ein Radwanderweg den Ort mit den anderen Bernsteinbädern. Zwischen Zempin und Koserow befindet sich zudem ein großer FKK-Strand. Der Ort hat nur etwa 900 Einwohner. Zum kleinsten Seebad Usedoms passt der kleine Bootshafen am Achterwasser ganz wunderbar. Er liegt im Zempiner Ortsteil Rieck. Die dortige Landenge wurde in den letzten Jahrhunderten mehrfach von der Ostsee bei Sturmhochwassern durchbrochen. Dabei entstand der sogenannte Rieckgraben, an dem jetzt der Bootshafen liegt. Die Bootsanlegestellen werden hauptsächlich von Einwohnern genutzt. Der Hafen selbst wird vom Angelverein betrieben. Anfang des 20. Jahrhunderts noch wurde Räucherfisch von Zempin aus mit der Eisenbahn in andere Regionen Deutschlands transportiert. Heute lohnt es sich für kleinere Firmen kaum noch, Fisch zu räuchern. Dennoch gibt es eine kleine Räucherei nahe der Bootsanlegestelle, darüber hinaus einige Reusenfischer. Reusen sind Fischnetze mit Korb, in denen der Fisch lebend gefangen wird. Größer als die wirtschaftliche Bedeutung des Hafens ist aber die touristische. Mit seiner Postkartenidylle ist er ein herrliches Fotomotiv.

Fremdenverkehrsamt Zempin

Fischerstraße 1
17459 Zempin
Tel.: 038377 42162
usedomer-bernstein
baeder.de/zempin

> **Zum kleinsten Seebad Usedoms passt der kleine Zempiner Bootshafen am Achterwasser ganz wunderbar.**

Wanderung zum Loddiner Höft

Blick aufs Achterwasser am Loddiner Höft

Das Dorf an der Lachsbucht

Mit den Ortsteilen Kölpinsee und Stubbenfelde ist das Seebad Loddin ein Geheimtipp der Insel. Wer Ruhe und Nähe zur Natur sucht, wird sich hier wohlfühlen. Das gilt für Erholungssuchende und Wasservögel gleichermaßen. Schon der etwa 35 Hektar große Kölpinsee ist ein Kleinod. Der fast auf Meereshöhe liegende See ist nur durch eine niedrige Vordüne und einen Schutzdeich von der Ostsee getrennt. Es gibt einen Rundweg, der um den See herumführt. Wen es auf den „Schwanensee" hinauszieht, der kann sich ein Tretboot am Ufer mieten.

Die Gemeinde Loddin liegt zwischen Ostsee und Achterwasser, was schon wegen der geografischen Lage nach Fischreichtum klingt. Tatsächlich wurde der Ort im Jahr 1270 erstmals urkundlich als Lodino erwähnt. Der Name leitet sich ab von der slawischen Bezeichnung für Lachs und bedeutet so viel wie Dorf an der Lachsbucht. Lachse gibt es hier zwar keine mehr. Dafür findet sich nahe des Hafens am

Nahe beim Hafen am Achterwasser befindet sich ein Fisch-Räucherhaus, das an ein kleines Hexenhäuschen erinnert.

Achterwasser noch ein Fisch-Räucherhaus, das an ein kleines Hexenhäuschen erinnert. Neben einigen guten Restaurants und einem der nördlichsten Weinberge Deutschlands hat der Ort aber noch mehr zu bieten. So genießt man am Loddiner Höft, dem Aussichtspunkt auf dem 16 Meter hohen Hügel an der Spitze der Landzunge, einen weiten Rundblick über das Achterwasser bis zu den Halbinseln Lieper Winkel und Gnitz. Am Achterwasser des Loddiner Höfts kann man sich im Sommer Ruder- oder Tretboote ausleihen. Einen ganz besonderen Charme versprüht die Halbinsel aber auch im Winter.

Kurverwaltung Loddin/Kölpinsee
Strandstraße 23
17459 Loddin
Tel.: 038375 22780
usedomer-bernstein
baeder.de/loddin

Künstler und Camper in Ückeritz

Wie die meisten Seebäder auf Usedom, war auch Ückeritz einst ein Fischerdorf. Umso bedeutsamer ist, dass der Ort in Sachen Bildung schon früh eine Vorreiter-Rolle auf der Insel einnahm. 1740 wurde dort nämlich der erste Schulhalter für Usedom eingestellt. Im Gegensatz zu den späteren Lehrern unterrichtete er die Kinder noch zu Hause im Lesen und Schreiben. Ein erstes Schulgebäude gab es in der Gemeinde erst 1929. Etwa zur gleichen Zeit, in den 1930er Jahren, entstand in Ückeritz eine Künstlerkolonie. Maler und Malerinnen von Rang und Namen wie Herbert Wegehaupt, Otto Manigk, Susanne Kandt-Horn, Manfred Kandt, Karen Schacht und Vera Kopetz siedelten sich an und blieben für Jahrzehnte dem Ort treu. Zwei Söhne der Gründer, Matthias Wegehaupt und Oskar Manigk, leben und arbeiten dort noch heute.

Von allen Usedomer Bädern besitzt Ückeritz den größten Waldbestand.

Das Seebad Ückeritz ist bekannt für seine Künstlerkolonie und beschauliches Naturcamping.

Alte Buchen, Eichen und Schwarzerlen sorgen an heißen Tagen für Schatten. Sie säumen auch den Naturlehrpfad, der von Ückeritz zum nahe gelegenen Schutzgebiet Wockninsee führt. Im Dünenwald zwischen Ückeritz und Bansin wurde zu DDR-Zeiten ausgiebig gezeltet. Auf dem damaligen Campingplatz tummelten sich zu Spitzenzeiten 20.000 Urlauber. Im Zuge der Neuausrichtung im Tourismus reduzierten die Bansiner den Anteil jedoch erheblich. Sie setzten mehr auf Kundengewinnung durch Bäderarchitektur als durch Zeltplatzidylle. Heute umfasst der Naturcampingplatz noch 750 Stellplätze. Das macht ihn wieder beschaulicher.

Kurverwaltung Ückeritz
Bäderstraße 5
17459 Ückeritz
Tel.: 038375 2520
www.ueckeritz.de

Matthias Wegehaupt
Waldstraße 30
17459 Ückeritz auf Usedom
Tel.: 038375 20950
www.matthias-wege
haupt.de

Oskar Manigk
oskar-manigk.de

Galerie Refugium
Dünenstraße 34
Zinnowitz
Tel.: 038377 371206
www.usedomrefugi
um.de

■ Strand am Konker Berg mit Teufelsstein

■ Schloss Pudagla

Genervte Riesen und riesige Schätze

Die meisten Usedom-Besucher kennen Pudagla wohl nur vom Ortsschild. Alle wollen scheinbar immer so schnell es geht an den Strand und ans Meer. Leider, müsste man wohl sagen. Denn der auf den ersten Blick vielleicht unscheinbare Ort links- und rechtsseitig der Bundesstraße 111 hat einiges zu bieten. Nicht nur Wanderer und Naturfreunde, auch Kunst- und Kulturinteressierte können hier den einen oder anderen Schatz finden. Damit ist nicht nur der Goldschatz gemeint, der sich der Sage nach hier irgendwo in dem unterirdischen Gang verbirgt, der vom Kloster Pudagla zum Wasserschloss nach Mellenthin führt. Apropos Sagen … Nicht weit vom Schloss Pudagla entfernt kann man sich am Achterwasser erholen und eine prima Aussicht genießen. Zudem findet man hier gute Möglichkeiten

Schloss Pudagla
Schlossstraße 8
17429 Pudagla
Tel.: 038378 470680
schloss-pudagla.de

In Pudagla kann man eintauchen ins klare Achterwasser und in Usedoms Sagenwelt.

zum Eintauchen, nicht nur ins klare Achterwasser, sondern auch in Usedoms Sagenwelt. So findet sich nahe des Konker Bergs der riesige Teufelsstein, welcher der Sage nach einem Riesen aus der Hand gefallen ist und seitdem hier aus dem Wasser ragt. Treffen wollte er mit dem Koloss eigentlich das Kloster, weil er sich von dem Glockengeläut gestört fühlte.

Die himmlische Ruhe stört hier niemand mehr. Auch nicht das Schloss Pudagla. Dieses ist eng mit der Geschichte der Region verbunden, sein Zustand dokumentiert die Höhen und Tiefen. Optisch kann es jedenfalls nicht mit seinen Pendants in Mellenthin und Stolpe mithalten. Dafür befindet sich östlich der Schmollensee, nach dem Gothensee der zweitgrößte See der Insel.

Die längste Lindenallee führt direkt nach Krummin

Zu Gast beim Hafenmeister

Wo der Hafenmeister persönlich grillt

Früher nannte man den Ort am Wasser, wo Schiffe liegen, einfach Hafen. Ein Hafen, dessen Anlegestellen, Liegeplätze und Einrichtungen auf die Bedürfnisse der Sportschifffahrt ausgerichtet sind, wird heute Yachthafen oder – noch moderner – Marina genannt. Vielleicht liegt es an der Affinität vieler Menschen zum Wasser, auf jeden Fall üben Yachthäfen auf Touristen immer eine große Anziehungskraft aus. Der Naturhafen am Peenestrom in Krummin ist eine ganz besondere Perle unter den Marinas. Als erster Hafen auf der Insel Usedom erhielt dieser kürzlich vier Sterne für höchstes Qualitätsniveau. Dieses internationale Blue Star-Marina-Gütesiegel hängt jetzt als Urkunde im Büro des Hafenmeisters. Doch abgehoben sind die 240 Einwohner deswegen nicht. So grillt hier der Hafenmeister freitags noch persönlich.

Touristen und Besucher können in Krummin aber nicht nur gut essen und trinken, sondern in der Marina auch Yachten für Tagestörns chartern, Kanutouren buchen oder Hausboote mieten. Grandiose Blicke in die Krumminer Wiek sowie romantische Sonnenauf- oder Untergänge inklusive. Ein weiteres Highlight ist die Lindenallee. Zwar gibt es viele schöne Alleen auf der Insel Usedom, aber die vielleicht schönste ist ebendiese. Sie ist mit 2,5 Kilometern auch die längste der Insel und führt von der B 111 nach Krummin. In den Sommermonaten glaubt man in einem grünen Blättertunnel zu sein. Kein Wunder, dass die Lindenallee ein beliebtes Fotomotiv ist. Gleiches gilt für die Kirche St. Michael.

Naturhafen Krummin

Dorfstraße 24
17440 Krummin
Tel.: 03836 201660
www.naturhafen.de

Die Lindenallee von Krummin ist mit 2,5 Kilometern die längste und schönste der Insel.

Selbst Hand anlegen in Mölschow

Okay, es gibt Orte auf Usedom, die bekannter sind. Allen voran die drei Kaiserbäder oder die Bernsteinbäder sind sogar weit über die Landesgrenzen hinaus bekannt. Und die prominenteren Orte im Usedomer Hinterland wie Mellenthin oder Stolpe haben ein feudales Schloss, das Besucher aus nah und fern an- und in seinen Bann zieht. Bei echten Usedom-Fans klingen allein die Namen dieser Orte schon wie Musik in den Ohren. Aber Mölschow? Keiner weiß, wo es liegt, und niemand möchte dorthin, könnte man vermuten. Das ist aber nur zum Teil richtig. Zwar zieht es wirklich noch nicht viele Besucher in die 800 Seelengemeinde, zu der auch die Ortsteile Bannemin und Zecherin gehören. Doch das könnte sich ändern, wenn man sich doch einmal nach Mölschow verirrt hat. Der Ort zwischen Zinnowitz und Wolgast, zwischen Peenestrom

Usedom aktiv

Trassenheider
Straße 7
17449 Mölschow
Tel.: 038377 3990
www.usedom-aktiv.
de

> Mölschow begeistert Usedom-Urlauber, die sich für traditionelle Landwirtschaft und alte Handwerkskünste interessieren.

und Ostseeküste, kann nämlich vor allem Usedom-Urlauber begeistern, die sich für traditionelle Landwirtschaft und alte Handwerkskünste interessieren. Sowohl der Kulturhof mit Kulturscheune als auch Bauerngarten und Handwerkerhof sind einen Besuch wert. In dem ehemaligen Gutshaus gibt es auf fast 600 Quadratmetern zahlreiche Schauwerkstätten zu bestaunen. Getreu dem Motto des Kulturhofs „Usedom aktiv – mit Hand und Fuß" kann man dort nicht nur Handwerkern beim Spinnen, Weben, Korbflechten, Töpfern und Holzschnitzen zuschauen, sondern die Künste in der Kreativwerkstatt auch selbst erlernen. Wechselnde Ausstellungen und ein landwirtschaftlicher Erlebnisbereich runden den Besuch ab.

Die Pommersche Keramik Manufaktur in Mellenthin

Inhaberin Susi Erler beim Töpfern

Alte Pommernkeramik neu entdeckt

In einer kleinen Töpferei in Mellenthin erwacht alte Keramik-
kunst zu neuem Leben. Auf ihrer Töpferscheibe fertigt Inhaberin Susi Erler wunderschöne Keramik nach fast vergessener
Pommern-Art. Diese war bis Ende des 18. Jahrhunderts in der
Region sehr beliebt. Die weiß glasierte Irdenware mit blauer
Bemalung zierte damals jeden Tisch. Auch in anderen Ländern
hatten die Teller, Krüge und Schüsseln viele Liebhaber. Regelmäßig lieferten Schiffe die zerbrechliche Ware über die Ostsee
nach Dänemark und Schweden. Dem Konkurrenzdruck durch
ausländische Manufakturen konnte das volkstümliche Geschirr
allerdings bald nicht mehr standhal-
ten. Es verschwand völlig aus den
Schränken. Bis vor einigen Jahren, als
es sich Susi Erler zur Aufgabe machte,
dem alten Traditionsgeschirr neues
Leben einzuhauchen. Unterstützt wird sie dabei von Liane, die
mit geschickten Händen für Glasur und Bemalung sorgt. Susis
Mann leitet den Verkauf. Heute erfreuen sich die schönen Ge-
brauchsgegenstände in den Bauernhäusern und Landhotels
wieder großer Beliebtheit. Auch junge Leute haben die Pom-
mernkeramik wieder für sich entdeckt. Ein Besuch des anhei-
melnden Ladens in Mellenthin neben der Alten Schmiede ist
also ein absolutes Muss. Er fasziniert jeden, der ihn betritt. Vom
original Pommernlicht über Keramik aller Art mit modernsten
Gebrauchseigenschaften bis hin zu Gartenschmuck findet man
hier vieles, was das Zuhause zu einer echten Wohlfühl-Oase
macht. Außerdem kann man der Töpferin über die Schulter
schauen.

Töpferei Susi Erler
Morgenitzer Berg 10
17429 Mellenthin
Tel.: 038379 22933
www.pommersche-
keramik.de

Auf der Töpferscheibe von Susi Erler
entsteht traditionelle Pommern-
keramik.

Fisch soweit das Auge reicht am Rankwitzer Hafen

Herzgesunder Fisch am Rankwitzer Hafen   33

Im Lieper Winkel kann man herrlich wandern und entschleunigen oder auch beides zugleich.

Zu dem Gemeindegebiet im Achterland gehören neben Rankwitz noch sieben Orte. Hier kann man noch viele reetgedeckte Häuser finden. Dabei handelt es sich aber nicht nur um historische Fischerhäuser. Glücklicherweise werden heutzutage auch wieder Dächer neugebauter Eigenheime und Ferienhäuser mit diesem Naturmaterial gedeckt. Das hat Charme und bewahrt den Eindruck von Ursprünglichkeit. Diese kann man auch am Rankwitzer Hafen genießen. Er ist weit über die Grenzen Usedoms hinaus bekannt für seinen Räucherfisch. Man kann ihn frisch aus dem Rauch oder auch fangfrisch im kleinen aber feinen Fischrestaurant direkt am Hafen genießen.

Am Rankwitzer Hafen kann man Fisch frisch aus dem Rauch oder auch fangfrisch genießen.

Spätestens jetzt sollte man sich einmal fragen, warum wir Deutschen eigentlich so wenig Fisch essen. Zwar wissen die meisten, dass er mindestens zwei- bis dreimal pro Woche auf dem Tisch stehen sollte. Doch die Realität sieht leider ganz anders aus. Im Schnitt isst jeder Deutsche nur rund hundert Gramm Fisch pro Woche, jeder sechste meidet ihn komplett. Dabei spielt Fisch bei einer gesunden Ernährung eine wichtige Rolle. Er ist nicht nur ein wertvoller Eiweißlieferant, wobei alle für den Menschen essenziellen Aminosäuren enthalten sind. Neben Eiweiß enthält Fisch vor allem Vitamin D, Vitamin B1, B5, B12, Jod, reichlich herzgesunde Omega-3-Fettsäuren und Selen. Übrigens gehen all diese beim Räuchern auch kaum verloren, da hierbei nur auf 30 bis 60 Grad erhitzt wird.

Hafen Rankwitz
Am Hafen 1
17406 Rankwitz
Tel.: 038372 7052
www.hafen-rankwitz.de

■ Sehr beliebt – Brauerabend im Schloss Mellenthin

■ Vinetafestspiele

Kunst, Kultur und Husky-Rennen

Der Schritt von einer reinen Urlaubsregion hin zu einer Ganz-jahresdestination ist ein großer. Usedom macht vieles richtig auf dem Weg, sich genau dorthin zu entwickeln. So wissen Na-turliebhaber und Wanderer schon seit vielen Jahren, dass die Insel nicht nur in den Sommermonaten ihren Reiz hat. Gerade, wenn die Strände nicht voll sind, im Frühling und Herbst, zieht Usedom immer mehr Aktiv- und Wellness-Urlauber an. Doch auch eine gute bis hervorragende Zimmerauslastung in drei von vier Jahreszeiten reicht noch nicht zu einer Insel fürs ganze Jahr. Das gelingt unter anderem mit Veranstaltungen. So ist der Event-Kalender Usedoms jedes Jahr dicht gepackt. Das geht bereits los, wenn die Temperaturen schon bzw. noch eisig sind. Das winterliche Ba-den Anfang Januar ist so eine Attrakti-on. Ebenfalls bei kalten Temperaturen

Veranstaltungs-kalender Usedom www.usedom.de/veranstaltungen

Mit zahlreichen Veranstaltungen über das ganze Jahr entwickelt sich Usedom immer mehr zur Ganzjah-resdestination.

beherrschen nicht die Möwen, sondern Hunderte von Huskys die Promenade der drei Kaiserbäder. Seit 2016 liefern sich die Hunde, unter Leitung des Schauspielers Till Demtrøder, mit ih-ren Schlitten voller Prominenter spannende Rennen. Schön in Szene gesetzt wird das winterliche Spektakel durch lodernde Biikefeuer. Diese eigentlich traditionell friesischen Feuer sollen früher die Walfänger verabschiedet haben. Heute dienen sie eher der Verabschiedung des Winters.

Genießen und schlemmen geht natürlich auch das ganze Jahr über. Darüber hinaus bietet Usedom viel für Kunst- und Kultur-interessierte, wie die Usedomer Literaturtage, Musikfestivals oder Theateraufführungen.

Doppelt genießen

Grand schlemmen am Strand

Groß schlemmen in den Kaiserbädern

Genuss wird auf Usedom großgeschrieben. Spaziergänger lieben die Küste und Natur, Gestresste genießen es, die Seele baumeln zu lassen und Kinder das Bad in der Ostsee. Wer deutlich mehr als ein Eis am Strand oder ein profanes Fischbrötchen erwartet, kommt auf Usedom ebenfalls voll auf seine Kosten. In den exquisiten Küchen der feinen Hotels lässt es sich ganz vorzüglich tafeln. Für viele Besucher Usedoms gibt es offenbar nichts Schöneres, als an einem liebevoll gedeckten Tisch den Blick aufs Meer zu genießen. Das kann man zwar das ganze Jahr über, doch jedes Jahr im Mai rufen die besten Inselköche in den drei Kaiserbädern zu einer exklusiven und natürlich nicht ganz preiswerten Schlemmer-Veranstaltung, dem „Grand Schlemm". Beim größten Gourmet-Event in Mecklenburg-Vorpommern treffen sich jedes Jahr im Frühsommer 600 Gourmets und Genießer von nah und fern zu einer sieben Kilometer langen kulinarischen Strandmeile, die von Ahlbeck über Heringsdorf bis nach Bansin führt. Selbstverständlich können bei diesem Genusserlebnis der besonderen Art an den zehn Gourmetstationen entlang des Ostseestrandes nicht nur regionale Köstlichkeiten verspeist werden. An den Rastplätzen reichen zudem Topwinzer aus Deutschland die mit dem Essen korrespondierenden Weine. Und da der Mensch bekanntlich nicht von Brot und Wein allein lebt, erwartet die kulinarischen Genießer am Ende der zehngängigen Gourmetreise im Abschlusszelt noch eine rauschende Partynacht mit Live-Musik und Tanz bis in die Morgenstunden.

Grand Schlemm
Seestraße 5
17429 Seebad Bansin
Tel.: 038378 56177
www.grandschlemm.de

Im Frühsommer treffen sich Gourmets und Genießer zu einer sieben Kilometer langen kulinarischen Strandmeile.

Von Hering satt bis exotisch

Alljährlich spielt sich an Nord- und Ostsee das gleiche Natur-schauspiel ab. Wenn im Frühjahr die Wassertemperaturen steigen, ziehen Heringe in riesigen Schwärmen zum Laichen in die flachen Küstengewässer. Einst der Brotfisch der Usedomer Fischer, ist der Hering längst kein „Arme-Leute-Essen" mehr. Im Gegenteil. Heute wird er als Delikatesse geschätzt. So gibt es für kulinarische Genießer neben dem Grand Schlemm noch weitere feste Termine in den Kalendern vieler Usedom-Fans. Bei den Usedomer Heringswochen etwa sind alle Inselköche dazu aufgerufen, das Beste aus dem silbern glänzenden Schwarm-fisch herauszuholen. Jedes Jahr im Frühling servieren insge-samt 25 Restaurants zwischen Ahlbeck und Freest ihren Gästen Hering in unzähligen köstlichen Variationen. Das originellste Gericht wird prämiert. Der Fantasie der Köche sind dabei keine Grenzen gesetzt, ob traditionell als Grüner Hering, Brathering und Matjes oder elegant als He-ringscarpaccio. Sogar im Dessert wird Hering verarbeitet.

Die Usedomer Heringswochen spürt man nahezu auf der ganzen Insel.

Bei den alljährlichen Usedomer Heringswochen sind der Fantasie der Köche keine Grenzen gesetzt.

Traditionell werden diese im Strandhotel Seerose in Kölpinsee eröffnet. Der Abschluss wird mit einem finalen Heringsfest auf dem Koserower Seebrückenvorplatz gefeiert. Während des Events können Gäste auf Führungen viel Authentisches über die Küstenfischerei und zu den Usedomer Fischern am Strand von Ahlbeck und Bansin erfahren. Damit sind die Heringswo-chen nicht so exklusiv wie das Grand Schlemm, aber womöglich genauso interessant.

Usedomer Heringswochen

www.usedom.de/kulinarik/heringswochen

Gemütlich radeln auf dem Deich

Erlebniswandern am Achterwasser

Genussvoll wandern und radeln

Wenn man Radfahrern Usedom empfiehlt, erntet man meist ein müdes Lächeln. Doch selbst ambitionierte Radler können hier ihren Spaß haben. Dafür müssten sie noch nicht einmal die 337 Kilometer lange Strecke auf dem Berlin-Usedom-Radweg von der Hauptstadt über die ganze Insel bis nach Peenemünde in Angriff nehmen.

Berlin-Usedom-Radweg
www.berlin-usedom-radweginfo.de

Das Radwegenetz Usedoms ist gut ausgebaut und fast 200 Kilometer lang. Gleichwohl ist die zumeist flache Inseltopografie Usedoms wie gemacht auch für Genuss-Radler. Dazu muss man das eigene Rad noch nicht einmal aufs Autodach schnallen. Mittlerweile gibt es auf der Insel mehr als 100 Verleihstationen für Räder und E-Bikes.

Doch nicht nur Radfahrer, sondern auch Wanderer kommen auf ihre Kosten. Einige Strecken in Naturschutzgebieten sind sogar ausschließlich Wanderern vorbehalten. Das ausgeschilderte Wandernetzwerk umfasst insgesamt eine Länge von etwa 400 Kilometern. Entlang der Routen trifft man immer wieder auf Hinweistafeln mit Infos zur Stre-

Usedoms Wanderwege umfassen eine Länge von 400 Kilometern, das gut ausgebaute Radwegenetz noch einmal fast 200.

ckenlänge, aber auch zur Ortsgeschichte und den Sehenswürdigkeiten. Das macht jede Wanderung noch interessanter. Und womöglich liegt hierin auch ein Grund, warum das Wandern in den letzten Jahren einen regelrechten Boom erfahren hat. Statt spazieren gehen ist heute Landschaftsgenuss, statt stumm vor sich hin trotten Erlebniswandern angesagt. Die dominierenden Motive heißen Natur genießen, Wohlfühlen und Loslassen. Stress verschwindet beim Anblick grenzenloser Weite.

Wellness auf Usedom hoch im Kurs

Im Internet steht „www" für „world wide web". Auf Usedom könnten die drei Buchstaben auch für Wald, Wasser, Wellness stehen. Tatsächlich tragen die klimatischen Bedingungen auf der Insel erheblich zum Wohlfühlen bei. Wer Usedom und sein Hinterland jemals per pedes oder mit dem Fahrrad erkundet hat, weiß, wie wald- und wasserreich die Insel ist. Wer jemals kilometerweit am Sandstrand gewandert ist und dabei salzhaltige Brandungsaerosole eingeatmet hat, weiß aus eigener Erfahrung, wie gut diese Form der Bewegung Körper und Geist tut.

Der englische Begriff Wellness wurde bereits 1654 mit „gute Gesundheit" übersetzt. In den 1970er Jahren schwappte die Wellness-Bewegung dann aus den USA auch nach Deutschland herüber. Heute steht der Begriff Wellness für ein ganzheitliches Gesundheitskonzept. Obwohl Wellness schon seit den 90er Jahren auch bei den Usedomer Hotels hoch im Kurs steht, fanden die Grünen Usedomer Wellnesstage 2018 erst zum zweiten Mal statt. An drei Tagen Anfang April präsentiert die Insel Usedom dabei eben genau diese besondere Kombination aus Wald, Wasser und Wellness. Hierfür bieten die teilnehmenden Wellnesshotels sowie weitere Gesundheitsakteure ein gut gefülltes Wohlfühl-Programm zum Entspannen und Genießen an.

Die Wellness-Bewegung schwappte bereits in den 1970er Jahren aus den USA nach Deutschland herüber.

Wer sich noch intensiver mit dem Thema Gesundheit befassen möchte, findet vielleicht auch Gefallen an den Usedomer Wellness-Tagen, die im Herbst stattfinden. Hierzu gibt es zahlreiche Veranstaltungen mit Fachvorträgen sowie Themenabende rund ums Wohlfühlen.

Usedom Tourismus GmbH

Hauptstraße 42
17459 Seebad Koserow
Tel.: 038375 244144
www.wellness.usedom.de

Usedoms älteste Schätze

Einer der ältesten Schätze, die man auf Usedom finden kann, ist der Bernstein. Besonders im Winter bei niedrigen Temperaturen lohnt sich die Suche. Dann ist das Meerwasser kalt und hat eine so hohe Dichte, dass er auf dem Wasser schwimmt. Genau genommen ist der auf Usedom vorkommende Bernstein allerdings kein deutsches Naturprodukt. Er ist das Harz der Kiefern riesiger Wälder, die vor über 50 Millionen Jahren Südskandinavien bedeckten. Damals existierte noch nicht einmal die Ostsee. Das Harz tropfte auf den Waldboden und verfestigte sich schnell. Dies ist auch der Grund, warum in Bernstein gelegentlich kleine Tiere eingeschlossen sind. Sie konnten nicht schnell genug entkommen. So bieten diese Jahrmillionen alten und schon lange von unserer Erde verschwundenen Wesen Forschern einen aufschlussreichen Blick in die Erdgeschichte.

Als der Meeresspiegel später stieg, gelangte das Harz ins Wasser. Durch

Usedomer Bernstein ist das Harz der Kiefern riesiger Wälder, die vor 50 Millionen Jahren Südskandinavien bedeckten.

Stürme und auflandigen Wind wird es seitdem an den Küsten angespült. Das wissen auch viele Usedom-Besucher. Man begegnet ihnen oft am Strand, den Blick auf den Boden gerichtet, mit den Händen in Seetang, Muscheln oder angeschwemmtem Holz wühlend. Denn besonders in diesem Mix sind die meisten Bernsteine zu finden. Sie verstricken sich darin, weil sie leicht sind. Bernsteine sind übrigens nicht immer goldgelb, sondern auch dunkelbraun bis bläulich. Egal welche Farbe, für den glücklichen Finder sind sie nicht nur Belohnung für die lange Suche, sondern auch ganz besonderes Souvenir.

■ Strandkörbe für jeden Anlass

■ ... und in jeder Größe

Die Ostsee ohne Strandkörbe?

Deutschland ist für zwei Dinge bekannt: für Gartenzwerge und – richtig – für Strandkörbe. Strandkörbe gibt es seit 1882. Der erste wurde von einem Rostocker Korbmacher aus Weiden und Rohr als Einsitzer gefertigt. Wie auch heute noch, sollte er seine Besitzerin am Strand gegen Sonne und Wind schützen. Die damalige Auftraggeberin litt zudem unter Rheuma, wollte aber trotzdem nicht auf das heilende Klima der Ostsee verzichten. Sie ließ ihren neuen Windschutz, von den Neidern spöttisch „aufrecht stehender Wäschekorb" genannt, am Strand von Warnemünde aufstellen. Dort machte er schnell Furore. Bald folgten Zweisitzer, später sogar Modelle für ganze Gruppen wie zum G8-Gipfel in Heiligendamm 2007. An der Ostsee setzte sich die eher rundliche Form durch, an der Nordsee mag man ihn lieber etwas eckiger. Heute ist der Strandkorb von den deutschen Küsten nicht mehr wegzudenken. Inzwischen hat er sogar Einzug auf den privaten Terrassen gehalten. Selbst im Ausland schmückt sich so manches Luxushotel

Korbwerk Usedom GmbH & Co. KG

Waldbühnenweg 2
17424 Heringsdorf
Tel.: 038378 465050
www.korbwerk.de

Der erste Strandkorb diente als Windschutz und wurde von Neidern spöttisch „aufrecht stehender Wäschekorb" genannt.

mit ihm. Wie schon zu Zeiten seines Erfinders, wird er auch heute noch in Deutschland von Hand gefertigt. Das ist aufwendig und kostspielig. Auch der Heringsdorfer Strandkorbhersteller „Korbwerk", der den Riesenstrandkorb für den G8-Gipfel baute, kann davon ein Lied singen. Die wachsende Konkurrenz aus Asien machte dem Betrieb mächtig zu schaffen. Er hat inzwischen Insolvenz angemeldet. Wie es weitergeht, ist unklar. Eine Ostsee ohne Strandkörbe? Undenkbar! Er muss uns erhalten bleiben.

■ Leichter Strandzugang auch mit Krücken

■ Spezialisiert auf Ferien-Dialyse

Urlaubshindernisse ausräumen

Wenn ein historisches Seebad mit dem Schwerpunkt Strand einen der vordersten Plätze bei einem Landeswettbewerb für barrierefreies Reisen belegt, dann ist das schon etwas Besonderes. Wer einmal einen Kinderwagen oder Rollstuhl über unbefestigte Wege oder feinen Sand geschoben hat, der weiß, wie schwierig das ist. Auch mit Gehhilfen oder körperlichen Handicaps scheitert man oft. Trotzdem will man an den Strand – die Sonne, das Meer und den Wind genießen. Das erst macht schließlich einen Urlaub an der See aus. In Koserow hat man dies verstanden. Bereits seit vielen Jahren ist das Seebad Projektort für barrierefreies Reisen. Kinderwagen, Rollstuhl und Handicap sind dort kein Hindernis mehr. Auch viele Anbieter von Ferienhäusern, Hoteliers und sogar Campingplatz-Betreiber ziehen mit und haben sich Barrierefreiheit auf die Fahnen geschrieben. Bemerkenswert sind die vielen tollen Ideen, die inzwischen umgesetzt wurden. So gibt es als ganz besonderen Service für Urlauber im Rollstuhl einen Sandrollstuhl. Er hat große Ballonräder, um nicht im Sand zu versinken. Außerdem ist dieses Strandmobil auch zum Baden in der Ostsee geeignet. In der Saison steht es am Hauptturm der Rettungsschwimmer und kann dort kostenlos ausgeliehen werden. Zudem bietet Koserow spezielle Strandkörbe, die für Gehbehinderte und Rollstuhlfahrer gut über Laufbretter zu erreichen sind. Ein weiteres Plus ist das einzige Dialyse-Zentrum der Insel. Es verfügt über 21 Plätze und ist auf Urlaubsdialysen spezialisiert.

Koserow ist Vorzeigeort für barrierefreies Reisen und bietet Strandmobile und Urlaubsdialysen an.

Kurverwaltung Koserow
Hauptstraße 31
17459 Koserow
Tel.: 038375 20415
usedomer-bernstein baeder.de/barriere frei

Feriendialyse
Medizinisches Versorgungszentrum Usedom
Jugendweg 9
17459 Ostseebad Koserow
Tel.: 038375 20343
www.dialyse-usedom.de

■ An der deutsch-polnischen Grenze

■ Über die grüne Grenze nach Swinemünde

Über die grüne Grenze nach Polen

Die Insel Usedom ist 445 Quadratkilometer groß. Davon entfallen auf Deutschland 373. Seit Polen im Dezember 2007 dem Schengener Abkommen beitrat, kann man ungehindert von Ahlbeck bis Swinemünde wandern. Längst sind alle Grenzzäune verschwunden, durch die man früher neugierig spähte und den Menschen auf der anderen Seite zaghaft zuwinkte. Keine Polizei mehr, die den Übergang bewacht, der früher nur für Fußgänger und Fahrradfahrer offen war. Seit der Grenzöffnung hat Usedoms langer Sandstrand noch einmal vier Kilometer hinzugewonnen. Die Uferpromenade reicht inzwischen von Bansin über Heringsdorf und Ahlbeck bis direkt nach Swinemünde. Mit 12 Kilometern ist sie die längste Flaniermeile Europas. Viel hat sich inzwischen getan. Die schöne Bäderarchitektur ist auf beiden Seiten fast lückenlos restauriert. An der langen Promenade locken auf polnischer Seite zahlreiche Kioske, an denen Waffeln, Eis oder Fisch verkauft werden. Schmuckhändler bieten Bernstein in allen Farben, Formen und Qualitäten an. Sehr beliebt bei den Deutschen ist immer noch der sogenannte Polenmarkt. Er liegt 200 Meter hinter der ehemaligen Grenze. Die Dauerbrenner wie günstige Zigaretten und Kleidung gibt es dort nach wie vor, ebenso polnischen Käse, Wurst, Gebäck und Korbflechtereien. An den Ständen ist verhandeln ein Muss. Es gehört einfach zur polnischen Kultur dazu. Wer über die Strandpromenade nach Swinemünde gekommen ist, sollte zurück den Weg am Strand nehmen. Der Sand ist schön fest und gut begehbar.

Die Promenade von Bansin bis ins polnische Swinemünde ist mit 12 Kilometern die längste Flaniermeile Europas.

Touristinformation
Świnoujście (Swinemünde)
Plac Słowiański 6/1
72-600 Świnoujście
Tel.: 0048
913224999
www.swinoujscie.pl/de

■ Eine Eiche mit 700 Jahren auf dem Buckel

■ Kleiner Hafen mit Reetdachhäuschen

Ein Gipfelkreuz in 18 Metern Höhe

Wer nicht schnell genug an den Strand kommen kann, saust mit 100 Stundenkilometern am Lieper Winkel vorbei. Wer sehen oder gesehen werden will, ist an der prachtvollen Seepromenade der drei Kaiserbäder zudem mit Sicherheit besser aufgehoben. Wer aber als Stressgeplagter auf der Suche nach Ruhe und Einsamkeit oder vielleicht sogar sich selbst ist, sollte bremsen und den Blinker links setzen. Wir tauchen ein in eine andere Welt. Für Menschen, die das Ursprüngliche suchen, ist der Lieper Winkel ein echter Geheimtipp. Die zwischen Achterwasser und Peenestrom gelegene Halbinsel wurde schon frühzeitig besiedelt. Dennoch ist sie auch zu Beginn des 21. Jahrhunderts kaum in den organisierten Tourismus eingebunden. Der Lieper Winkel ist geprägt von Wäldern, Wiesen und von einem mehr oder weniger breiten Schilfgürtel entlang des Achterwassers. Die kleinen Dörfer zeichnen sich durch renovierte, reetgedeckte Häuser mit farbigen Fassaden und üppigen Blumengärten aus. Selbst die Wartehäuschen an den Bushaltestellen sind in Fachwerk gebaut und mit Reetdach versehen.

Mit dem regen Treiben an Usedoms Ostseeküste hat der Lieper Winkel auch in der Saison nichts gemein.

Im Lieper Winkel sind selbst die Wartehäuschen an den Bushaltestellen in Fachwerk gebaut und mit Reetdach gedeckt.

Stattdessen findet man hier noch eine üppige Pflanzen- und Tierwelt mit besten Bedingungen zur Vogelbeobachtung. Vom Jungfernberg – die höchste Erhebung der Halbinsel – genießt man am Gipfelkreuz in 18 Metern über dem Meer einen prima Ausblick. Auch die gut 700 Jahre alte, umsturzgefährdete Suckower Eiche ist einen Besuch wert.

Rankwitz/Lieper Winkel

www.rankwitz-im-lieper-winkel.de

44 Erdbeer-Erlebnis in Koserow

Karls Erlebnis-Dorf Koserow

Zum Erlebnis-Dorf 1
17459 Koserow
Tel.: 038202 4050
www.karls.de/
koserow

Wer jemals Karls Erdbeeren gekostet hat, bleibt dabei. Das liegt am Geschmack und der Tradition. Bereits 1921 startete Opa Karl als Wochenmarktverkäufer. Bald spezialisierte er sich auf Erdbeeren – mit Erfolg. Inzwischen gibt es ganze Erlebnishöfe. Seit März 2016 auch in Koserow. Auf ihm dreht sich alles um die rote Frucht. Und um Kinder. Für sie gibt es Traktorfahrten, einen Kletterpark und Bauernhof. Erwachsene lernen in Schaumanufakturen, wie man Marmelade herstellt. Überall kann man probieren, der Eintritt ist frei. Die angebotene Hausfrauenküche ist preiswert, die Kinder sind glücklich.

Die größte Kaffeekannensammlung der Welt in „Karls Erlebnishof"

Zuhause bei Schwänen und Fröschen

45

Der Kölpinsee ist 35 Hektar groß und gehört zur Gemeinde Loddin. Er liegt fast auf Meereshöhe und ist nur durch eine niedrige Vordüne und einen Schutzdeich von der Ostsee getrennt. Ein 2,7 Kilometer langer Rundweg führt um den See, ideal für eine leichte Tour. In seinem Schilfgürtel brüten Wasservögel, auch Wildgänse kann man ungestört beobachten. Auf dem See ziehen Schwäne ihre Bahnen. Ihnen verdankt der See seinen Namen, abgeleitet von Colpa, slawisch für Schwan. Im Frühjahr leuchten die Wiesen in den schönsten Farben. Bei anlandigem Wind kann man gratis einem Froschkonzert lauschen.

Kurverwaltung Loddin/Kölpinsee
Strandstraße 23
17459 Loddin
Tel.: 038375 22780
usedomer-bernstein
baeder.de/loddin

Kölpinsee mit Insel und Schwan ▪

Hering auch im Winter

Koserower Salzhütte
Am Strande 5
17459 Koserow
Tel.: 038375 20680
www.koserower-salz
huette.de

Wer Fisch liebt, sollte ihn unbedingt einmal in historischer Umgebung essen. Im Fischrestaurant „Koserower Salzhütte" wird noch traditionell gekocht und ausschließlich mit Buchenholz geräuchert. **Die Koserower Salzhütten dienten früher als Heringspackhütten.** In ihnen wurde in der Heringssaison der Fang gesalzen, um ihn haltbar zu machen. Damit sicherte man die Versorgung der im Winter hungernden Inselbevölkerung. Außerdem dienten die Hütten als Lager für volle Heringsfässer und Salz. Die meisten Hütten wurden Ende des 19. Jahrhunderts errichtet. Sie stehen inzwischen unter Denkmalschutz.

Fisch in historischem Ambiente

Please pay the ferryman

Auf Usedom gibt es einen Fährdienst, der noch mit reiner Muskelkraft betrieben wird. Will man von Ostklüne nach Westklüne, hat man ein Problem. Die beiden Ortsteile sind durch 50 Meter Wasser voneinander getrennt. Da muss eine Lösung her, befand die Familie Gaede und richtete eine kleine Ruderfähre ein. Je nach Verfügbarkeit legt sich ein Familienmitglied kräftig in die Riemen und rudert Fußgänger und Fahrradfahrer auf die andere Seite. Man muss nur rufen oder klingeln. Unkompliziert gestaltet sich auch der Preis. **Der freundliche Fährmann verlangt einfach „was die Portokasse hergibt".**

Familie Gaede
Tel.: 0151 15358775
oder 038372 71704

Freundlicher Fährmann zwischen Ost- und Westklüne

Alles andere als verrufen

Spelunke
Campingweg 5
17459 Zempin
Tel.: 038377 35407
www.camping-zem
pin.de/spelunke

Wer sein Lokal Spelunke nennt, muss sich sicher sein, dass es keine ist. Die Betreiber der Strandgaststätte „Spelunke" auf dem Campingplatz am Dünengelände in Zempin haben damit kein Problem. Ihr Lokal ist kein verrufenes Wirtshaus, sondern ein stilvoll maritim eingerichtetes Restaurant mit einem schönen Biergarten. **Im Sommer gibt es außerhalb der Karte auch Räucherfisch, Schwein am Spieß, Musik und Tanz.** Die „Spelunke" liegt direkt an einem Rad- und Wanderweg. Zwischen April und Oktober treffen sich hier Segler, Camper, Radfahrer und Wanderer bei einem kühlen Störtebeker Bier und gutem Essen.

■ Ein kulinarisches Erlebnis nicht nur für Seeräuber

Entschlammt und erwanderbar

Im Süden von Peenemünde liegt der idyllische Cämmerer See mit seinem gut ausgeschilderten und leicht zu gehenden Rundwanderweg. Der See war ursprünglich eine Bucht des Peenestroms und entstand beim Bau der Heeresversuchsanstalt Peenemünde. Durch Asche aus dem Peenemünder Kraftwerk war er lange stark verschmutzt. Heute ist er entschlammt und so sauber, dass er als Bade- und Angelgewässer dient. An seinem Ufer vorbei führt der „Naturlehrpfad Ostseeküste", ein 126 Kilometer langer, mit einem grünen Eichenblatt auf weißem Grund gekennzeichneter Hauptwanderweg der Insel Usedom.

Cämmerer See
www.seen.de/
caemmerer-see

Naturlehrpfad Ostseeküste
www.pommerngreif.
de/tour/touren/
lehrpfad

Angel- und Badevergnügen am Cämmerer See

50 Steinalte Findlinge und Fledermäuse

Usedomer Gesteinsgarten und Waldkabinett

Neu Pudagla
17459 Ückeritz
Tel.: 038375 20460
www.ostsee.de/
insel-usedom/ge
steinsgarten-wald
kabinett

Am Forstamt Neu Pudagla befindet sich ein Gesteinsgarten, der in Zusammenarbeit mit der Uni Greifswald entstand. **Die gezeigten Steine wurden einst von Eiszeitgletschern aus Skandinavien auf die Insel Usedom gebracht.** Der älteste Findling ist vermutlich 2 Milliarden Jahre alt, der schwerste wiegt etwa 7 Tonnen. Neben dem Gesteinsgarten gibt es ein Waldkabinett, das den Wald einmal von einer ganz anderen Seite zeigt. Außerdem führt ein Waldlehrpfad an Bienenkästen und Riesenlebensbäumen vorbei zur „Fledermausburg", einem alten Brunnenhaus, das den fliegenden Säugetieren als Winterquartier dient.

Usedomer Gesteinsgarten am Forstamt Neu Pudagla

Edelsteine und Sauriereier

Direkt an der Hauptstraße mitten in Heringsdorf befindet sich ein besonderes Museum. Bei der „Naturerlebniswelt" begeben sich Besucher auf eine Reise durch 500 Millionen Jahre Naturgeschichte. Tropische Fische in allen Farben lassen sich hier ebenso bestaunen wie funkelnde Edelsteine. Besondere Highlights sind die weltweit wohl einzigartige begehbare Amethysthöhle und die riesige Amethystendruse mit einem Gewicht von fünf Tonnen. Auch zahlreiche Fossilien, ein Dinosauriernest mit acht versteinerten Eiern sowie eine Nachbildung von Lucy, der ältesten Menschenfrau der Welt, gibt es zu bewundern.

Naturerlebniswelt
Neuhofer Straße 75
17424 Heringsdorf
Tel.: 038378 498674
www.naturerlebnis
welt.de

Die begehbare Amethystenhöhle besteht aus 5.000 Einzelkristallen

Flugzeuglegenden in Heringsdorf

**Erlebniswelt
Hangar 10**

An der Haffküste 1
17419 Zirchow
Tel.: 038376 29510
www.hangar10.de

Eine luftige Erfahrung können nicht nur Hobbyflieger in Heringsdorf machen. In der Erlebniswelt „Hangar 10" haben auch Bodenständige und Erdverwachsene die Möglichkeit, in die faszinierende Welt der Fliegerei einzutauchen. **Hier lässt sich eine beeindruckende Sammlung an flugfähigen und historischen Flugzeugen bestaunen.** Darunter befinden sich legendäre Exponate aus dem Zweiten Weltkrieg wie Spitfire, Messerschmitt oder Mustang. Rundflüge über die Insel an Bord eines Fliegers sind ebenso möglich wie am täuschend echten Flugsimulator. Urig sind auch die Flyers Bar sowie das gemütliche Restaurant.

Hangar 10 am Flughafen Heringsdorf

Wie im Wilden Westen

Wer hätte vermutet, dass das Wisent auch in Vorpommern heimisch war? Heute, mehr als 640 Jahre nach seiner Ausrottung durch den Menschen, ist diese Tierart auf Usedom wieder zu sehen, sogar unter freiem Himmel. Seit 2004 auf der Insel, setzt sich das Wisent-Gehege in der Mellenthiner Heide für den Erhalt dieser Wildrindart ein.

Aus der Nähe sind die seltenen Tiere sehr beeindruckend. Die massigen Wildrinder ähneln den amerikanischen Bisons, die man aus zahlreichen Cowboy- und Indianer-Filmen kennt. Für Kinder interessant sind zudem das Vogelhaus sowie das Baumhaus mit den Balancierseilen.

Wildpark in Dargen
17419 Dargen
Tel.: 0162 1637779
www.wisentgehege-usedom.de

Wisente in der Mellenthiner Heide

113

54 Minigolf für Seeräuber

Piraten der Ostsee
Wiesenweg 1
17449 Trassenheide
Tel.: 0177 3192680
piraten-der-ostsee.de

Auch Fans der kleinen weißen Bälle kommen auf Usedom auf ihre Kosten. Wer Minigolf liebt, wird vom Abenteuer-Minigolf in Trassenheide begeistert sein. Die 18 originellen Bahnen sind nämlich alles andere als Standard, geschweige denn langweilig. Gespielt wird auf begehbarem Kunstrasen, Stein, Holz und durchs Wasser. **Auf dem 15 Meter langen Piratenschiff „Seewolf" befinden sich auf zwei Ebenen sogar mehrere Bahnen.** Ein echtes Vergnügen für Jung und Alt, nicht nur bei gutem Wetter. Denn spielt Petrus einmal nicht mit, bieten Schirme, Segeldächer und Strandkörbe Unterschlupf vor Wind und Wetter.

Ein echtes Minigolf-Abenteuer

Bügeleisen als Hobby

Das vielleicht skurrilste Museum Usedoms, auf jeden Fall aber ein originelles, befindet sich in Zinnowitz, direkt an der Hauptstraße B111. Seit nunmehr gut 30 Jahren sammelt das Ehepaar Lehmann – auch Besitzer der Schmetterlingsfarm in Trassenheide – alte Bügeleisen. Gar kein so seltenes Hobby, denn bereits im 18. Jahrhundert sammelten Familien Bügelgeräte. Bei den Lehmanns sind es mittlerweile über 3.000 Stück. Diese sind allesamt zu bestaunen in einem Museum, das übrigens nicht nur Frauen interessant finden. Von diesen filigranen und doch schweren Geräten sind vor allem Männer angetan.

**Eisen und Glas
Art Galerie**

Das verrückte Bügeleisenhaus
Ahlbecker Straße 30
17454 Zinnowitz
Tel.: 038377 375086
www.eisen-glas.de

Eisen- und Glaskunst im verrückten Bügeleisenhaus ◼

Tauchgondel Zinnowitz

Strandpromenade 0
17454 Zinnowitz
Tel.: 038377 37861
www.tauchgondel.
de/tauchgondel-zin
nowitz

Das Ostseebad Zinnowitz kann mit vielen Sehenswürdigkeiten aufwarten. Zwei Highlights befinden sich in unmittelbarer Strandnähe. Die 315 Meter lange Seebrücke, die „Vineta-Brücke", zieht bereits seit der frühen Geschichte von Zinnowitz Besucher an. Die für viele Tagesbesucher vielleicht größte Attraktion befindet sich am Kopf der Brücke. **Hier ging nämlich im Juni 2006 die weltweit erste Tauchgondel in Betrieb.** Wer nicht klaustrophobisch ist, sollte sich durchaus einmal auf einen Tauchgang einlassen, um trockenen Fußes auf den Grund der Ostsee zu reisen. Die Gondel bietet 24 Besuchern Platz.

Einfach mal abtauchen in Zinnowitz

Klettern wie Tarzan

Wer schon als Kind gern auf Bäume geklettert ist, wird den Kletterwald auf Usedom lieben. Doch auch ohne Klettererfahrung ist dieser etwas andere Abenteuerspielplatz in Ückeritz, direkt an der B 111 nahe dem Forstamt Neu Pudagla, ein besonderes Erlebnis. Auf sechs verschiedenen Parcours mit unterschiedlichen Schwierigkeitsgraden und Höhen zwischen einem und 14 Metern kommen Kinder ab 6 Jahren und erst recht Erwachsene voll auf ihre Kosten. Nach einer gründlichen Einweisung kann man loslegen. Die Parcours sind unterteilt in die Schwierigkeitsgrade Spaß, Fitness, Erlebnis, Abenteuer und Risiko.

Kletterwald Usedom

Am Forstamt Neu Pudagla
17459 Ückeritz
Tel.: 038375 22677
www.kletterwald-usedom.de

Klettern in 14 Metern Höhe ▪

Phänomenta Peenemünde

Museumstraße 12
17449 Peenemünde
Tel.: 038371 26066
www.phaenomenta-peenemuende.de

Einen 700 Kilogramm schweren Trabant 601 mit nur einer Hand anheben? Das schaffen sogar Kinder mit Hilfe der Hebelwirkung auf der Phänomenta in Peenemünde. Hier, im alten Offizierskasino, können Familien ein Museum der etwas anderen Art hautnah erleben. Das fängt schon bei den Exponaten an, denn fast überall gilt: **Anfassen und Ausprobieren ist ausdrücklich erlaubt!** Wie bei allen vier deutschen Phänomentas, werden auch in Peenemünde die Gesetze und Phänomene der Physik nähergebracht. Hier können kleine und große Forscher auf über 2.500 Quadratmetern Ausstellungsfläche auf Entdeckungsreise gehen.

■ Physikalische Phänomene erleben auf 2.500 Quadratmetern

Der Impressionist aus Lüttenort

Zwischen Koserow und Zempin befindet sich die schmalste Stelle der Insel Usedom. Genau hier, in Lüttenort, wo das Meer vom Achterwasser nur durch einen Landstreifen von wenigen hundert Metern getrennt ist, befindet sich das Atelier von Otto Niemeyer-Holstein. Ab 1933 lebte der Künstler hier – zunächst nur im Sommer – in einem ausgedienten S-Bahn-Waggon aus Berlin, ab 1939 auch ganzjährig. Dort malte er vor allem norddeutsche Landschaften in impressionistischem Stil. Aber auch das Atelier selbst sowie Haus und Garten sind ein Werk des Künstlers. Er starb 1984 in Koserow. Ein Besuch lohnt sich.

Atelier Otto Niemeyer-Holstein
Lüttenort
17459 Ostseebad Koserow
Tel.: 038375 20213
atelier-otto-niemeyer-holstein.de

Hafen bei Lüttenort

119

60 Wohnen auf dem Wasser

Floating Houses
www.rueckenwind-
ferien.de/floating
houses/kroeslinuse
dom/kroeslin

Hausboot „Glaukos"
www.hausboot-use
dom.info

Noch näher am Wasser geht nicht. Urlauber, denen der Weg über Seepromenade und Strand zu lang ist, oder Ruhe suchende Wasserratten liegen vielleicht mit einem Hausboot richtig. Früher lebten eher Exoten in Hausbooten, doch sind diese Zeiten längst vorbei. Heute zieht es zunehmend Städter aufs Wasser. Allerdings klingen die schwimmenden Appartements heute nicht mehr langweilig, sondern ganz sexy. Auch auf Usedom finden sich immer mehr Floating Houses. Diese liegen meist idyllisch in Flüssen, Seen oder einsamen Buchten, wo sie ihren festen Platz haben, also im Rahmen der Buchung vor Ort verbleiben.

Hausboot Glaukos am Balmer See

Nachsitzen in der Alten Schule

Das Hotel am Balmer See kann gleich mit drei hoteleigenen Restaurants aufwarten. Neben dem Steakhouse mit urigem Ambiente lädt auch das das italienische Restaurant in der ehemaligen Schule zu authentischen Speisen aus der traditionellen Cucina Italiana ein. Der Merluzzo in Crosta, also der Kabeljau in Oliven-Tomatenkruste, ist lecker. Der Wein ebenso. Für einige Gäste sind aber auch die Pizzen die besten nördlich von Neapel. Ein Kompliment, dem wir uns nach der Mezzaluna nur anschließen können. Der Blick auf den Balmer See ist grandios. So lecker macht nachsitzen in der Schule echt Spaß.

Cucina Italiana – Alte Schule
Am Balmer See 32
17429 Balm
Tel.: 038379 28180
www.golfhotel-use dom.de/restaurants

Bella Cucina Italiana am Balmer See

Gesundes Fastfood

Im Flieger lieben die Gäste Tomatensaft, an der Küste Fischbrötchen. **In Norddeutschland gilt das gesunde Fastfood als Teil der Lebenskultur.** Doch wird hier meist nicht einfach ein „Fischbrötchen" verlangt. Bestellt wird, was draufkommt. Meistens sind es Bismarckhering oder Matjes, aber auch Brathering, Krabben, Rollmops, Sprotten, Lachs bzw. Lachsschnitzel, geräucherte Makrele oder andere Fischsorten sind üblich. Typische Zutaten sind Zwiebeln und saure Gurken sowie bei gebratenem oder frittiertem Fisch auch Remoulade. Auf Usedom findet man etliche Imbissstände mit leckeren Fischbrötchen.

Leckere Fischbrötchen mit Ausblick

Wackelmänner auf Gnitz

Für die einen klang es verheißungsvoll, für andere war es ein Graus. Zu DDR-Zeiten wurde 1966 auf der Halbinsel Gnitz Erdöl gefunden. Schon bald darauf wurden die Erdölvorkommen ausgebeutet. Zu Spitzenzeiten produzierte man hier 220.000 Tonnen pro Jahr, nach der Jahrtausendwende nur noch etwa 7.000. Anfang 2012 schossen dann die Erwartungen noch einmal in den Himmel. Nach Probebohrungen vermutete man in 2.500 Metern Tiefe 18 Millionen Tonnen des schwarzen Goldes. Drei Jahre später hat sich herausgestellt, dass eine Förderung unwirtschaftlich ist. Jetzt werden die Bohrlöcher zurückgebaut.

Erdölförderung – ein Auslaufmodell auf Usedom

Grüner Männerchor

Wandertouren auf Gnitz

www.auf-nach-mv.de/wandern-usedom-gnitz

Ein besonderes Konzert lässt sich alljährlich unter freiem Himmel und sogar ohne Eintritt genießen. Doch die Musiker spielen hierbei nicht in den zahlreichen Konzertmuscheln am Strand auf. Sie sind zudem alle männlich, grün und vierbeinig. Lautstarke Froschkonzerte sind vor allem im Frühling und Frühsommer an Teichen, Gräben und anderen Gewässern zu vernehmen. Kurz nach dem Ende ihrer Wanderung stimmen sich die ersten Akteure ein. Es sind Männchen, die damit die Weibchen locken. In einem Teich auf der Halbinsel Gnitz, nahe dem Achterwasser, findet eines der beeindruckendsten Konzerte statt.

Klein, aber gut bei Stimme

Steinalte Grabstätten

Vieles auf Usedom hat eine lange Geschichte. Ortsbezeichnungen rühren oft noch vom Slawischen her. Die ältesten menschlichen Zeugnisse reichen aber noch viel weiter zurück, bis in die mittlere Jungsteinzeit. So datieren Archäologen die Entstehung der Großsteingräber Usedoms in die Zeit zwischen 3500 und 2800 v. Chr. Hiervon gab es einige, die aber zum Teil nicht mehr zu besichtigen sind. Das megalithische Ganggrab bei Lütow schon. Von den ursprünglich drei oder vier Grabkammern sind heute aber nur noch zwei existent. Eine mächtige Buche steht über der Grabanlage und beschirmt den Platz.

Hügelgrab bei Lütow

www.insel-usedom-wollin.de/luetow/grosssteingrab

Megalithisches Ganggrab bei Lütow ▪

66 Erst der Fleiß, dann die Aussicht

Manche Sehenswürdigkeiten müssen sich Urlauber hart er-
kämpfen. Doch diese – im wahrsten Sinne des Wortes – Höhe-
punkte belohnen meist auch für die Anstrengung. Um in den
Genuss einer grandiosen Aussicht zu kommen, müssen oftmals
Treppen überwunden werden. Um vom Strand bei Koserow auf
kürzestem Weg zum knapp 60 Meter höher gelegenen Streckelsberg zu gelangen, gibt es eine Treppe, die es in sich hat.
**Die etwa hundert Stufen werden bergauf zu gefühlten
1.000.** Doch wer es geschafft hat, wird mit einem tollen Blick
auf die Ostsee und dem Gefühl belohnt, etwas für den Kreislauf
getan zu haben.

▪ Wer den Aufstieg schafft, wird belohnt

Süffiges Inselbier von hier

Bier auf Usedom wird nicht gerade großgeschrieben. In den Restaurants werden zumeist die üblichen Biere der bekannten Großbrauereien ausgeschenkt. Doch es gibt zwei Mikrobrauereien, die sich mit dem Prädikat „Bier von hier" oder „Inselbier" schmücken dürfen. Das eine stammt aus dem Brauhaus im Wasserschloss Mellenthin. Das andere genießt man im Usedomer Brauhaus in Heringsdorf. Dieses befindet sich direkt in der Ostseeresidenz Heringsdorf, einem Wohlfühl-Hotel der Seetel-Gruppe. **Das Inselbier begeistert auch Bierkenner, sogar Franken.** Vielleicht weil der Braumeister selbst aus Franken stammt.

Usedomer Brauhaus
Platz des Friedens
17424 Seebad
Heringsdorf
Tel.: 038378 61421

Wo das Inselbier zu Hause ist

Ein Eldorado für Whisky-Liebhaber

Hotel Forsthaus Damerow

Damerow 1
17459 Koserow
Tel.: 038375 560
www.urlaub-auf-use
dom.de/hotel-forst
haus-damerow

Damerow war ursprünglich ein winziger Ort mit fünf Wohnhäusern. Durch Sturmfluten und Hochwasser wurde er so oft zerstört, dass seine Einwohner schließlich aufgaben. Von ehemals fünf Häusern blieb nur die spätere Försterei erhalten. Diese wurde zum Hotel umgebaut. Das reetgedeckte Haus im Forsthausstil bietet Kanus an, um die Gegend vom Wasser aus zu erkunden. In den drei Räumen des Restaurants wird noch traditionell tranchiert, filetiert und flambiert. Die Bar ist ein Eldorado für Whisky-Liebhaber. Hier gibt es sogar einen für das Hotel exklusiv in Schottland abgefüllten „Vineta" Single Malt Whisky.

■ Kanus zu vermieten

Authentisch bedacht

Mit Reet gedeckte Häuser sind ein ganz besonderer Blick-
fang auf Usedom. In den Dorfstraßen des kleinen Ortes Zempin kann man gleich 50 Reetdachhäuser bestaunen. Als Reet
bezeichnet man Schilfrohr, das in getrocknetem Zustand zur
Dacheindeckung verwendet wird. Reetdächer gab es bereits
um 4000 v. Chr. Im Mittelalter wurden sie in den Städten
aufgrund der Brandgefahr ersetzt. Vor allem im Hochsommer
sind sie feuergefährdet, da sie unter Sonnenbestrahlung aus-
trocknen. Aber auch Silvesterfeuerwerk stellt eine Gefahr dar,
so dass mancherorts das Abbrennen von Raketen grundsätzlich
verboten ist.

Authentische Dacheindeckung

Prominenz in der Villa Irmgard

Museum Villa Irmgard
Maxim-Gorki-Straße 13
17424 Heringsdorf
Tel.: 038378 22361
www.kaiserbaeder-auf-usedom.de/ausstellungen

Maxim Gorki kam 1922 mit Sohn und Schwiegertochter nach Heringsdorf, um hier einen Genesungsurlaub zu verbringen. Der Dichter litt an Tuberkulose. Er mietete sich die „Villa Irmgard" in Heringsdorf. In ihr richtete er sich ein Wohn- und Arbeitszimmer ein, das bis heute weitgehend unverändert erhalten ist. Im Arbeitszimmer schrieb er an seiner Autobiografie. Gorki hatte allerdings Pech, denn ausgerechnet dieser Sommer war kalt und verregnet. Trotz allem liebte er Usedom und kam gerne zurück. Außer Gorki waren auch Alexej Tolstoi und Fedor Schaljapin Gäste in dem historischen Gebäude.

Maxim Gorki in Heringsdorf

Der radelnde Feininger

Der amerikanische Maler und Grafiker Lyonel Feininger war zwischen 1908 und 1918 regelmäßig Gast auf Usedom. Der Sohn deutscher Eltern wurde 1871 in New York geboren, siedelte jedoch im Alter von 16 Jahren wieder mit ihnen nach Hamburg und anschließend Berlin um.

Mit dem Fahrrad streifte Feininger während seines Aufenthalts stundenlang über die Insel, immer auf der Suche nach dem ganz besonderen Motiv. Dabei entstanden rund 80 Werke an mehr als 40 Orten. Heute kann man auf einer Feininger-Tour seinen Spuren folgen. 43 Bronzetafeln markieren exakt die Orte, an denen er zum Skizzenblock griff.

Feininger Radtour
www.usedom.de/
themen/aktiv-natur/
radfahren/lyonel-fei
ninger-und-die-son
neninsel

Kunst-Kabinett Usedom
Kirchstraße 14 a
17429 Benz
Tel.: 038379 20184

Die Bronzemarkierungen zeigen, wo Feininger malte

72 Ein Rastplatz für Wassersportler

Hafen Stagnieß
17459 Ückeritz
Tel.: 038375 2520

**Yachtclub
Usedom e.V.**
www.yachtclub-use
dom.de

Der Hafen Stagnieß im Seebad Ückeritz ist seit 2013 Rastplatz für Wassertouristen. Mit Fördergeldern der EU wurde er zum Wasserwanderrastplatz ausgebaut. Von mehr als 100 Liegeplätzen stehen den Kanuten 44 zur Verfügung. Der Rest wird von Segelbooten, Motoryachten und Hausbooten genutzt. **Zudem bietet ein Fahrgastschiff Ausflüge über das Achterwasser an.** Im Sommer sorgt es für ordentlich Trubel im kleinen Hafen. Wie Lemminge strömen dann die Gäste emsig aus den Bussen und auf das wartende Schiff. Sobald der Spuk vorbei ist, kehrt wieder Ruhe ein. Nur die Busse zeugen noch vom großen Ansturm.

■ Camping, paddeln und Bootstouren

Knabenkraut und Schilfrohrsänger

Die Landzunge Cosim ist zusammen mit den beiden kleinen Inseln Böhmke und Werder seit kurz nach der Wende Natur- und Vogelschutzgebiet. Inzwischen hat sich wieder eine fast intakte Flora angesiedelt mit Knabenkraut, Kuckuck-Lichtnelke und Wollgras. Von der kleinflächigen Mahd des Schilfs als Material zum Dachdecken abgesehen, findet auf dem Cosim kaum mehr Nutzung statt. Stattdessen bietet die Halbinsel einen idealen Zufluchtsort für seltene Vögel wie Rotschenkel, Bekassine, Kiebitz, Schilfrohrsänger und Rohrweihe. Während der Brutzeit sollte sie deshalb mit Rücksicht betreten werden.

Wanderung zur Halbinsel Cosim
www.outdooractive.com/de/wanderung/usedom/zur-halbinsel-cosim

Schilfmahd für die Dacheindeckung

133

Idyllisch golfen

**Balmer See –
Hotel·Golf·Spa**

Drewinscher Weg 1
17429 Benz/OT Balm
Tel.: 038379 280
www.golfhotel-use
dom.de

Golfplatz Korswandt

Hauptstraße 10
17419 Korswandt
Tel.: 038378 32318
www.baltic-hills.de

Auf Usedom steht das touristische Golfen im Mittelpunkt. Auf der Insel gibt es derzeit zwei Golfplätze, beide idyllisch gelegen. Der Golfpark Balm mit Hotel befindet sich am Balmer See, einer Bucht am Achterwasser direkt neben dem Naturschutzgebiet Halbinsel Cosim. Er verfügt über zwei 18-Loch-Plätze. Dieser Platz ist durchaus geschichtsträchtig. Wo heute Sportler ihre kleinen weißen Bälle schlagen, schlugen vor etwa 1.000 Jahren noch die Slawen auf ihre Feinde ein.

Der zweite Golfplatz, Baltic Hills Usedom, befindet sich in Korswandt, nahe dem Wolgastsee, und bietet eine 19-Loch-Golfanlage.

Golfen am Balmer See

Badespaß, wenn Petrus schwächelt

Usedom ist die sonnenreichste Gegend Deutschlands, der Strand einer der längsten. Beste Voraussetzungen also für pures Badevergnügen. Ist es dennoch einmal getrübt, wollen sich viele Menschen trotzdem in die Fluten werfen oder Wärme genießen. Gelegenheit dazu finden sie in der „Ostseetherme Usedom". Seit ihrer Eröffnung im März 1996 wurde die Therme bereits von gut drei Millionen Gästen besucht. Mit einem vierprozentigen Jodsole-Gehalt ist das Wasser heilsam, das Angebot vielfältig. Neben der großen Badelandschaft gibt es Dampfbäder, verschiedene Saunen sowie ein Sport- und Gesundheitsstudio.

OstseeTherme Usedom
Lindenstraße 60
17419 Heringsdorf
Tel.: 038378 2730
www.ostseetherme-usedom.de

Ostseetherme in Ahlbeck ▪

135

**Usedomer
Reha-Verbund**

www.usedom.de/
themen/wellness-
gesundheit/rehabi
litation

Gesundheit, Prävention, Rehabilitation. Seit vielen Jahren schon hat sich Usedom dem Thema Gesundheit verschrieben. Neun Kliniken – eine Insel. Mit dieser Grundidee haben sich die Reha-Kliniken der Insel Usedom sowie das Kreiskrankenhaus Wolgast im Sommer 2006 zum Usedomer Reha-Verbund zusammengeschlossen. **Ein Schwerpunkt liegt darauf, die Bedeutung und die Möglichkeiten der Rehabilitation darzustellen**, zu steigern und die vorhandenen Angebote noch bekannter zu machen. Mit dem Usedomer Gesundheitstag wurde zudem ein jährlich stattfindendes Event für Gäste und Interessierte geschaffen.

Gesund und aktiv bis ins hohe Alter

Schnäpel meets Reibekuchen

Kennen Sie den Ostseeschnäpel? Fischliebhabern läuft schon beim Klang des Namens das Wasser im Mund zusammen. Der Edelfisch wechselt im Herbst zum Laichen von der offenen See in die brackigen Gewässer von Achterwasser und Peenestrom. Wer ihn einmal probieren möchte, findet dazu Gelegenheit im Bansiner „Fischkopp". **Besonders lecker ist die Eigenkreation – Schnäpelfilet im Reibekuchenteig gebacken.** Das familiengeführte Fischrestaurant existiert schon seit 2002. Das Konzept, in erster Linie Fisch aus der Region vor den Augen der staunenden Gäste frisch zuzubereiten, wird mit einem stets vollen Haus belohnt.

Fischkopp

Seestraße 66
17429 Seebad
Bansin
Tel.: 038378 80623
www.fischkopp-bansin.de

Restaurant Fischkopp in Bansin

Höchster Punkt und toller Strand

Fischräucherei Kamminke

Auf der Mole
17419 Kamminke
Tel.: 038376 29776
www.fischraeuche
rei-kamminke.de

Kriegsgräberstätte Golm

www.volksbund.de/
kriegsgraeberstaet
te/golm

Kamminke liegt am südöstlichen Zipfel der Sonneninsel Usedom, direkt am Stettiner Haff. Der Ort zählt zu den ältesten Fischerdörfern Usedoms. Reetgedeckte Häuser und die Steilküste prägen das Ortsbild. Besucher genießen am Strand am Haff eine weite Aussicht und leckeren Fisch.

Der höchste Punkt der Insel befindet sich ebenfalls hier. Der Golm erhebt sich 69 Meter über dem Meeresspiegel. Er ist darüber hinaus bekannt für einen der größten Kriegsopferfriedhöfe in Deutschland. Beim Luftangriff der Alliierten am 12. März 1945 fanden über 23.000 Menschen den Tod und hier ihre letzte Ruhe.

Genießen in Kamminke am Stettiner Haff

Nicht vom rechten Weg abkommen

Am Ortsrand von Bansin, zwischen Gothensee und Ostsee, liegt der beschauliche Schloonsee. Er entstand, wie die meisten Usedomer Seen, in der letzten Eiszeit. Eine kleine Promenade führt um einen Teil des Sees herum. Sie hat eine schöne Sonnenpiazza und eine hölzerne Aussichtsplattform. Anfang der 1980er Jahre wurde am Südufer des Sees Erdgas entdeckt. Durch seine schlechte Qualität lohnte die Förderung jedoch nicht. Auch in der Weltliteratur spielt der See eine Rolle. In Fontanes Roman Effi Briest heißt er Schloon, ist ein Fluss und steht sinnbildlich für das Abkommen vom rechten Weg.

Uferpromenade am Schloonsee

80 Laubmischwald und Moorlandschaft

Tour um den Schmollensee

planetoutdoor.de/
touren/wandern/
windmuehlen-
am-schmollensee

Mit einer Fläche von fünf Quadratkilometern ist der Schmollensee der zweitgrößte See auf Usedom. Größer ist nur noch der Gothensee. Die 18 Kilometer lange Strecke rund um den Schmollensee ist einer der landschaftlich schönsten Wanderwege auf Usedom. Es gibt allerdings eine Einschränkung: das für Fußgänger gefährliche Straßenstück bei Pudagla. An das Ostufer des Sees grenzt Laubmischwald, das Nordufer geht in eine Moorlandschaft über. Der See ist nicht besonders tief. Dafür ist das Ufer größtenteils mit Schilfrohr bewachsen und bietet daher vielen Seevögeln ein ideales Brut- und Rastgebiet.

Blick auf Benz und den Schmollensee

Der seichte Riese

Der Gothensee südlich der Kaiserbäder ist der größte See Usedoms. **Er ist fünf Kilometer lang, aber mit einer Tiefe von nur einem Meter recht seicht.** Er steht seit 1967 unter Naturschutz und ist für Wassersportler und Angler gesperrt. Trotz des Schutzstatus wurde in den 1980er Jahren Klärwasser aus der Grube Bansin eingeleitet, so dass das ökologische System des Sees zusammenbrach. Inzwischen hat sich der Gothensee wieder recht gut erholt. Sein schilfbewachsenes Ufer ist Brutstätte und Rastplatz für viele Seevögel. Wer ihn umrundet, entdeckt zudem Wasserlilien, Seerosen und seltene Orchideen.

Der Gothensee im Achterland

82

Wo die Glocken am längsten läuten

Besichtigung nach Absprache

Pfarramt Zinnowitz
Tel.: 038377 42045

Netzelkow ist das Dörfchen, in dem Pfarrer Wilhelm Meinhold, Autor der „Bernsteinhexe", geboren wurde. Besonders schön ist die kleine Backsteinkirche aus dem 14. Jahrhundert. Sie ist die einzige auf dem Gnitz, und ihre Glocken läuten schon am längsten von allen auf Usedom. Idyllisch liegt sie inmitten mächtiger Kastanien. An ihrer Südseite befinden sich eine Sonnenuhr und eine rätselhafte Inschrift aus dem Sommer 1781. Wer mag sich hier verewigt haben? Netzelkow war früher das Lehn-Rittergut der von Lepels. Der Sarkophag eines 1747 verstorbenen Familienmitglieds steht noch in der Kirche.

Kirche von Netzelkow mit separaten Glocken

Keine Hexe kocht so lecker

Die kleine, aber feine „Bernsteinhexe" ist ein Familienbetrieb. Ursprünglich als Getränkehandel und Imbiss gestartet, wurde sie schnell so beliebt, dass 1996 daraus das Restaurant entstand. Benannt wurde sie nach Wilhelm Meinholds berühmtem Buch über eine Pfarrerstochter, die im Jahre 1630 als Hexe verbrannt werden sollte. Die Geschichte ist eng mit dem Ort Koserow verbunden.

Beim Blick auf die Speisekarte fällt dem Fischliebhaber die Wahl schwer. Es gibt Dorschfilet in vielen Variationen, Matjes, Seelachs, Butterfisch, Zander und Forelle. Unser Favorit war der Dorsch mit Sauce Hollandaise.

Gaststätte Bernsteinhexe

Meinholdstraße 4 a
17459 Koserow
Tel.: 038375 20283
www.bernsteinhexe.de

Bernsteinhexe in Koserow ▪

84 Über den Wolken

**Usedomer
Fliegerclub e. V.**

Am Flugplatz
17429 Mellenthin
Tel.: 038379 20239
www.usedomerflie
gerclub.de

Über den Wolken muss die Freiheit wohl grenzenlos sein …
Wer das bekannte Lied von Reinhard Mey aus dem Jahr 1974
mag und die These überprüfen möchte, kann das nahe Mellenthin tun. Nur wenige hundert Meter vom Wasserschloss
entfernt befindet sich an der B 111 ein Abzweig. Dieser führt
auf einem Feldweg weiter nach Katschow – auch sehenswert.
Spektakulärer ist aber ein Rundflug über Usedom. Der
Flugplatz des Usedomer Fliegerclubs ist für den Betrieb von
Hängegleitern, Ultraleichtflugzeugen, Modellflugzeugen sowie Fallschirmsprungbetrieb zugelassen. Auch das Fliegen
kann man hier erlernen.

Zu Besuch beim Usedomer Fliegerclub

Alles bio und auch lecker

Neben dem Wasserschloss befinden sich in Mellenthin noch weitere Beherbergungsbetriebe, mit dem Gutshof Insel Usedom sogar noch ein ganz besonderes Hotel. Dieses ist nämlich Usedoms erstes Hotel mit BIO-Zertifikat. Das heißt, dass hier konsequent auf lokale und nachhaltige Produkte aus heimischer Landwirtschaft und biologische Speisen gesetzt wird. Wir konnten uns davon selbst überzeugen. Angetan waren wir von den verschiedenen Waffelkreationen, den Pellkartoffeln mit Quark und nussigem Bio-Leinöl und der Atmosphäre. Die Zimmer sind gemütlich. Die Preise befinden sich eher im oberen Segment.

Gutshof Insel Usedom
Dorfstraße 24
17429 Mellenthin
Tel.: 038379 20700
www.gutshof-usedom.de

Gutshof Mellenthin ◾

Wandern an der Grenze

Idyll am Wolgastsee
Hauptstraße 9
17419 Korswandt
Tel.: 038378 22116
www.urlaub-auf-use
dom.de/hotel-idyll-
am-wolgastsee

Korswandt liegt drei Kilometer südlich von Ahlbeck im Natur-park Insel Usedom. Östlich befindet sich die Grenze zu Polen. Die geografische Grenzlage, aber auch der zur Gemeinde ge-hörende Wolgastsee, machen Korswandt interessant für Natur-liebhaber und Wanderer. Um den See führt ein etwa vier Kilometer langer ausgeschilderter Wanderweg. Das Ufer bietet vielen Seevögeln ein ideales Brut- und Rastgebiet. Der See ist vollständig umgeben von Buchenwald. Am Strand beim gemütlichen Hotel „Idyll am Wolgastsee", das im Stile der Bäderarchitektur errichtet wurde, gibt es einen Ruder- und Tret-bootverleih.

Aktiv erholen am Wolgastsee

Mondaufgang in Neppermin

Neppermin teilt mit anderen sehenswerten Gemeinden im Achterland das Schicksal, dass viele Usedom-Urlauber auf dem Weg zur Küste den Ort einfach links liegen lassen. Dabei hat der zur Gemeinde Benz gehörende Ort sogar seinen eigenen See sowie die nur von Vögeln bewohnte, geschützte Insel Böhmke. **Am Achterwasser um Neppermin herum fühlte sich schon der deutsch-amerikanische Maler Lyonel Feininger wohl.** Bei seinen Sommeraufenthalten war er stets auf der Suche nach Motiven. Um 1910 entstand der „Mondaufgang in Neppermin". Für die ortsansässigen Fischer malte er sogar Tafeln mit Bootsnummern.

Feininger auf Usedom
www.papileo.de/info

Blick vom Aussichtspunkt bei Neppermin

Golfer und Uferschnepfen

Balmer See
www.insel-usedom-
wollin.de/balm/
balmer-see

Der Balmer See hat sich nicht nur wegen des gleichnami-
gen Golfhotels einen Namen gemacht. Der See im Südosten
des Achterwassers ist eine lagunenartige Ausbuchtung des
Peenestroms. Die beiden vom Ufer aus gut zu sehenden, un-
bewohnten Inseln Böhmke und Werder sind als Natur- und
Vogelschutzgebiet ausgewiesen. Hier sind verschiedene
Schwalben- und Entenarten sowie die Uferschnepfe zu
Hause. Nordöstlich liegt das Naturschutzgebiet Halbinsel Cosim, wo Weißstorch und Graureiher sowie auch Seeadler zu beobachten sind. Am südwestlichen Ufer befindet sich Balm mit
der 120 Hektar großen Golfanlage.

Golfhotel am Balmer See

Gnitz und Sonnenuntergänge genießen

Wer Ruhe und Entspannung sucht, Natur liebt oder gerne wandert, wird von der Halbinsel Gnitz begeistert sein. Übernachten kann man auf der Halbinsel am Achterwasser vor allem in den drei Hauptorten Neuendorf, Netzelkow und Lütow. Im Ortskern von Lütow befinden sich zahlreiche, oft reetgedeckte Ferienhäuser und -wohnungen sowie ein Schwimmbad mit Schwimmhalle, das auch öffentlich genutzt werden kann. Vor allem aber bieten sich von hier aus Wanderungen ins Naturschutzgebiet Halbinsel Gnitz an. An dessen Steilküsten kann man Sonnenuntergänge und eine prächtige Aussicht aufs Achterwasser genießen.

Ferienparadies Lütow

Zeltplatzstraße
17440 Lütow
Tel.: 038377 4930
www.ferien-paradies.
de/schwimmbad

Auf der Halbinsel Gnitz

149

90 Der Teufelsstein beim Konker Berg

Konker Berg
www.insel-usedom-
wollin.de/pudagla/
konker-berg

Hohe Berge gibt es auf Usedom nicht. Gleichwohl gibt es Erhebungen oder Hügel, von denen aus man eine gute Aussicht genießt. Obwohl der Konker Berg bei Pudagla mit nur 16,8 Metern Höhe über dem Meeresspiegel keine Schwindelfreiheit erfordert, kann man hier weit über das Achterwasser blicken. In Richtung Pudagla erkennt man den zehn Meter großen Teufelsstein, etwa 100 Meter vom Ufer entfernt. Er wurde hier von einem Gletscher in der letzten Eiszeit vergessen. Heute ist er ein beliebter Aussichtspunkt für Vögel, was man an der weißen Färbung erkennt. Am Ufer lädt ein Grillplatz zum malerischen Picknik ein.

Der Teufelsstein – bei Möwen beliebt

Höhentraining am Langen Berg

Wenn man etwas Höhentraining in seine Wanderungen ein-
bauen möchte, kann man das hervorragend ab Bansin. Von hier
aus führt ein toller Höhenweg über den höchsten Küstenberg
Usedoms Richtung Ückeritz. Der Lange Berg ist zwar nur
ganze 54 Meter hoch, aber er hat es in sich. So manch einem, der eben noch über die Bezeichnung Berg geschmunzelt
hat, vergeht beim Aufstieg auf dem unebenen Waldboden das
Lachen. Ist man erst einmal oben, wird man jedoch mit einer
grandiosen Aussicht belohnt. An der Abbruchkante der Steilküste ist allerdings Vorsicht geboten. Jedes Jahr verliert die Insel
hier Küste.

Langer Berg
www.insel-usedom-
wollin.de/bansin/
langer-berg

Höhenweg am Langen Berg

92 Aufs Glatteis begeben

Eisarena Insel Usedom
November–März
17424 Heringsdorf
Tel.: 0152 54971925
www.eisarena-insel-usedom.de

Wer im Winter die Insel Usedom besucht, wird vielleicht auf das Badevergnügen in der kalten Ostsee verzichten. Das heißt aber nicht, dass kein Sport betrieben werden kann. Achterland und Strand laden auch in der kalten Jahreszeit zu Wanderungen ein. Ausschließlich im Winter, von Mitte November bis Mitte März, kann man sich in Heringsdorf sogar aufs Glatteis wagen. Dann nämlich öffnet die Eisarena Insel Usedom ihre Tore. Auf dem klassischen Eishockeyfeld mit 1.800 Quadratmetern haben Klein und Groß ihren Spaß. Ab und zu finden hier auch Spiele der Eishockeycracks des REV Insel Usedom statt.

Eislaufvergnügen in Heringsdorf

Marathon ohne Grenzen

Der Ostseestrand auf Usedom hat eine Länge von 42 Kilometer … Moment, da war doch was. Genau. 42,195 Kilometer sind die klassische Distanz für einen Marathonlauf. Was liegt also näher, als auf der Insel Usedom auch einen Marathon stattfinden zu lassen? Der Usedom-Marathon führt zwar nicht nur am Strand lang. Tatsächlich aber ist der internationale Lauf attraktiv und überdies die wahrscheinlich schnellste Möglichkeit, Usedom zu Fuß kennenzulernen. Seit 1979 findet er jährlich im September statt. Bis 2004 war er sogar der einzige Marathon, bei dem die deutsch-polnische Grenze überquert wird.

Usedom-Marathon

Tel.: 03836 600590
www.usedom-marathon.de

Usedom-Marathon ■

Ein Himmel voller Greifvögel

Usedom ist die Insel der Seeadler. Nirgendwo anders in Deutschland brüten so viele von ihnen. Am Krienker See, in Balm oder am Möwenort auf Gnitz kann man die stolzen Vögel antreffen. Auch am nördlichsten Zipfel, bei Peenemünde, liegt ihr Jagdrevier. **Doch nicht nur die Herren der Lüfte ziehen am Usedomer Himmel ihre Kreise.** Auch Falken, Habichte, Milane, Eulen und sogar die größten dieser Art, die stattlichen Uhus, mischen kräftig mit. Mit etwas Glück kann man sogar Uhus in den Abendstunden rufen hören. Zu Gesicht bekommt man die nacht- und dämmerungsaktiven Vögel allerdings nur selten.

Uhus auf dem Falknerhof in Stolpe

Falknerhof in Stolpe

Wer garantiert Greifvögel erleben möchte, kann das hautnah auf dem Falknerhof in Stolpe. Adler, Falken, Uhus und Co. tragen hier menschliche Vornamen wie Hedwig und Hermine, auf die sie aber eher weniger reagieren. Auf die Kommandos des Falkners hingegen schon. Erst recht, wenn er mit einem Leckerli aus seiner Falknertasche lockt. So kann man sich den majestätischen Greifvögeln bis auf wenige Meter gefahrlos nähern. Manche lassen sich sogar vorsichtig streicheln. Die beeindruckenden Uhus genießen sogar sichtlich das Streicheln ihres flauschigen Gefieders, genauso wie die staunenden Besucher.

Usedomer Falknerhof

Landweg 1
17406 Stolpe
Tel.: 0176 38400069
oder 0151 156603 97
stolperhof.de/s9y_falkner

Greifvögel hautnah erleben

Ohne Stress auf und über die Insel

Usedomer Bäderbahn

Am Bahnhof 1
17424 Seebad
Heringsdorf
Tel.: 038378 2710
www.ubb-online.
com

Seit 23 Jahren gehören die 23 weißen Triebwagen mit der blauen Welle zum Bild der Insel. Die Usedomer Bäderbahn (UBB) verbindet die Ostseeinsel Usedom mit dem Festland. Mit den UBB-Zügen kommt man entspannt zu den größeren Orten entlang der Küste – von Peenemünde im Nordosten bis nach Swinemünde auf der polnischen Seite. **Ab dem Umsteigebahnhof in Züssow auf dem Festland wird es gemütlich, ab der Brücke bei Wolgast dann „inselig".** Davon, dass das Streckennetz von Dezember 2017 an nicht mehr von der UBB sondern von der DB Regio betrieben wird, spürt der Fahrgast nichts – beides sind DB-Töchter.

Usedomer Bäderbahn

Bekannt wie ein bunter Hund

Das Örtchen Krummin direkt am Achterwasser kann gleich mit mehreren Attraktionen aufwarten. Der idyllische Naturhafen gehört dazu, die St.-Michael-Kirche aus dem 13. Jahrhundert ebenso. Gleiches gilt für die schönste und längste Lindenallee der Insel Usedom. Folgt man dieser zweieinhalb Kilometer langen Prachtstraße, kommt man auf direktem Weg zum Hafen. Davor allerdings befindet sich die Naschkatze. Das urige Gartenlokal verdient eine Empfehlung. Der Service ist gut, die Kuchen echt lecker. Sogar die Namensgeberin kann man streicheln. Die alte Katzendame ist hier bekannt wie ein bunter Hund.

Zur Naschkatze

Peter Jezek
Dorfstraße 25
17440 Krummin
Tel.: 03836 602213
www.zur-naschkatze.de

Naschkatze in Krummin

Orte der Stille und inneren Einkehr

Kirche auf Usedom
www.kirche-auf-use
dom.de

Wer abseits der ausgetretenen Pfade der touristischen Zentren Momente der Stille, Besinnung oder inneren Einkehr sucht, wird auch in den 20 Kirchen auf Usedom fündig. Die Mauern vieler Kirchengebäude können oftmals auf eine lange, bewegte Vergangenheit zurückblicken, nicht selten sogar bis ins 13. Jahrhundert. Andere hingegen sind jüngeren Datums. So wurde die Evangelische Kapelle Peenemünde zum 50. Jahrestag des Bombenangriffs von 1943 durch einen Neubau ersetzt. Der Innenraum des achteckigen Fachwerkbaus ist eine Gedenkstätte für die Kriegsopfer von Peenemünde und ein Symbol der Hoffnung.

■ Orte der Stille und inneren Einkehr

Sechsmal Vorfahrt für Boote

Die Insel Usedom ist mit dem Festland über zwei Brücken verbunden. Die Wolgaster Klappbrücke ist die modernere. Sie
wurde 1996 eingeweiht und verfügt sowohl über eine Auto-
als auch eine Bahntrasse. Die Zecheriner Brücke im Südosten
der Insel wurde bereits 1931 eröffnet, allerdings 1945 von der
Wehrmacht gesprengt. Erst zehn Jahre später war sie wieder
befahrbar. Im Jahr 2000 wurde sie vollständig saniert. Beide
Brücken werden bis zu sechs Mal pro Tag für den Schiffs-
verkehr geöffnet. Dann heißt es Stopp für die Autofahrer, aber
nicht lange. Es dauert nur 20 Minuten, dann geht es weiter.

**Brückenöffnungs-
zeiten**
www.usedom.de/
service/wissenswer
tes/brueckenoeff
nungszeiten

Klappbrücke bei Zecherin

Marina und Ralph Kähne leben und arbeiten als Autoren in Wandlitz bei Berlin. Sie haben bereits zahlreiche Ratgeber und Reiseführer veröffentlicht. In ihren Büchern kombinieren sie gern Sehenswertes mit Natur und Gesundheit.

Die Ostseeinsel Usedom bereist das Autorenpaar seit zwanzig Jahren. Als begeisterte Wanderer lieben sie besonders das Achterland sowie die Nebensaison. Mehr unter www.marketing-effizient.de.

Der Verlag und der Autor freuen sich über Ihre Hinweise:
info@mitteldeutscherverlag.de

Fotografien: Marina und Ralph Kähne, außer © www.fotograefinnen.de/mandy knuth: S. 86; Ronald Richter: S. 152; Usedom-Marathon e.V.: S. 153; Vorpommersche Landesbühne, Fotoautor Thomas Häntzschel: S. 66, 84 u

2019
© mdv Mitteldeutscher Verlag GmbH, Halle (Saale)
www.mitteldeutscherverlag.de

Gesamtherstellung: Mitteldeutscher Verlag, Halle (Saale)

ISBN 978-3-96311-013-9

Printed in the EU